シングルマザーで息子2人を東大理Ⅰに頭がよくなる「ルーティン」子育て

たかせみほ

徳間書店

はじめに

はじめまして。たかせみほと申します。

本書を手にとってくださった皆様、ありがとうございます。

２０１７年に長男が、２０１９年に次男が、それぞれ東京大学理科Ⅰ類に現役合格したことがきっかけで、今回このような本を書く機会をいただきました。

最初に、徳間書店の編集者さんから、本の出版についてご相談いただいたときは、「私に書けることなんてあるのかな？」と正直思いました。

東大生の子どもを持つ親御さんはごまんといますし、東大合格のための子育て本も山ほどあります。子どもの将来のために、両親が二人三脚となって英才教育をしているご家庭もたくさんあるでしょう。

私も、子どもを授かってから10年間ほどの専業主婦時代は、子育てだけに専念して、幼児教育にも力を入れました。

しかし、その間に夫婦の溝がどんどん深まっていったのです。そして、関係修復はもう不可能だと判断したときに夫と別居しました。長男が小4、次男が小2のときのことです。その後は離婚調停に2年かかり、定職もなく、不安に押しつぶされそうで夜中に泣いてばかりいた時期もありました。

離婚してシングルマザーになったあとも、日々のやりくりに追われて、節約、節約の日々。奨学金や支援金をかき集めて、なんとか息子たちを私立の学校に入れたものの、私が子どもの勉強をみてあげたことは一度もありません。

そんな私が、まさか子育ての本を書くことになるなんて、人生、何が起こるか本当にわからないものです。

ただひとつ、自信を持って言えることは、ひとり親でも、定職がなくても、親があきらめなければ子どもに良い教育をすることはできる、ということです。

そのために私がこだわってきたことは2つあります。

ひとつは、自分の軸を持ち、何があっても周りに流されずに子どもを信じ続ける「ぶれない子育て」をすること。

もうひとつは、シングルでも、生活が苦しくても、クヨクヨ悩んだり余計なことを考えないように、日常生活を決まったパターンでルーティン化する「ルーティン子育て」を徹底することです。

どんなときも、私はこの2つに立ち返ることで、前を向き、希望を持って、子育てすることができました。

この2つの覚悟が、息子二人の東大合格につながったのだと、シングルマザーとしての歩みを振り返って断言することができます。

今は3組に1組が離婚する時代です。そのうち、ひとり親世帯の約9割が母子家庭で、私のような非正規雇用のシングルマザーは約4割もいるといわれてます。

たとえシングルでなくても、仕事、家事、子育てをすべてこなして「ワンオペ育児」に追われて疲弊している女性も少なくありません。

さまざまな負担がのしかかり、経済的に余裕がない状況でも、子どもにはできるだけより良い教育をしてあげたいと思っているお母さんは多いと思います。

そんなお母さんが、子育てのことで悩んだり迷ったりしたとき、何かひとつでも役に立つことができれば……という思いから、本書を出すことにしました。

内容は、子育ての大原則、シングルマザーの心得、幼児教育から大学受験にいたるまでの道のり、お金のやりくりまで多岐にわたるので、気になるところから読んでみてください。

また、私が選択してきたことが必ずしも正しいとは限りませんので、自分の子どもにはどうしたいか考えながら、読み進めていただきたいと思っています。

そしてひとつでも、「この本を読んでよかった！」と思って子育てに活かしてもらえたら、こんなに嬉しいことはありません。

目次

第3章 幼児教育

第4章　小学生時の過ごさせ方

第5章　中学受験対策

第6章 中高生時の過ごさせ方

第7章 大学受験対策

第8章 お金と働き方

一家のプロフィール

母親　たかせみほ　さん

2人の子を持つシングルマザー。見た目はおっとりしているが、実は負けず嫌い。そそっかしいのと、パソコンが苦手なのが難点だったが、パソコンスキルのほうは日々のデスクワークを必死にこなすうちに克服。つらい時を経て、「トライ・アンド・エラー」の人生を楽しむようになる。

長男　ハー君

真面目、優しい性格。そして人一倍の負けず嫌いで、粘り強さを持っている。「母親を守る」「苦労や心配をかけたくない」という思いが強いため、ほとんど口答えをしない。また、周りの人が何をしようと気にならず、マイペースで物事を進めていく。自分には何が向いているのか？　それをいつも模索している。

次男　ナー君

お調子者で、ふざけるのが好き。一度決めた自分のやり方はとことん貫く。ネットや書物で日々なにかの情報を仕入れ、自分なりに調べるのがなかば趣味のようになっている。状況を把握するのが上手で、物事を要領よくこなす一方、かなりの慎重派。なにかを一人でやるよりは、仲間と一緒にやるほうを好む。

	長男（ハー君）	次男（ナー君）
大阪府居住	誕生	
		誕生
	スイミングを始める	
	幼稚園 入園	
	公文を始める	
	幼児教室に通い始める	
神奈川県居住	レゴ教室に通い始める	スイミングを始める
		公文を始める
	ピアノを始める	幼稚園 入園
	洗足小学校 合格	
	洗足小学校 入学	ピアノを始める
	サッカーを始める	**洗足小学校 合格**
		洗足小学校 入学
		サッカーを始める
		レゴ教室に通い始める
離婚調停と別居を開始	「シグマ進学教室」入塾	
離婚成立		「シグマ進学教室」入塾
	栄光学園中学校 合格・入学	
	英語塾 入塾	
	個別指導塾（英語・数学）入塾	**栄光学園中学校 合格・入学**
	「一会塾」入塾	個別指導塾（英語・数学）入塾
	短期語学留学（2週間）	
	「東進ハイスクール」入会	短期語学留学（3週間）
	東大理I 合格・入学	「鉄緑会」入塾
		「東進ハイスクール」入会
		東大理I 合格・入学

たかせみほさん　仕事の経歴

1991
航空会社（正社員）　空港での地上接客業務
1997
専業主婦
2005
旅行サービス会社（パート）　電話オペレーター
2007
専業主婦
2008年 別居・離婚調停開始
2009
区役所（非常勤職員）　一般事務
2010年 離婚成立
2011
住宅リフォーム会社（正社員）　営業事務、秘書
2014

2015
コンピューター会社（正社員）　総務、人事
2016

2016
学校（非常勤職員）　大学事務
2016

2017
電子機器商社（派遣スタッフ）　総務、人事
2017

2018
不動産会社（派遣スタッフ）　事務
2019

第1章

ぶれない子育ての大原則

「子どもが安心できる家庭」が大前提

「子育てで一番大切にしていることはなんですか?」と聞かれたら、みなさんは何と答えるでしょうか?

他人に迷惑をかけないこと。あいさつができること。人にやさしいこと。健康で明るくて、勉強もできる子になってほしいなど、おそらくさまざまな答えが返ってくるでしょう。どれが正しくて、どれが間違っているということはありませんし、どれも大切なことだと思います。

私もみなさんと同じように、子育てで大切にしてきたことはたくさんありました。でも特に意識して、どんな時も忘れずに心がけてきたことは何か?と聞かれたら、迷わず次のように答えます。

子育てで一番大切なのは、**子どもが大好きなお母さんに甘えて、信じて、安心でき**

る「安定した家庭環境」を保つこと。

その安定した家庭に必要なのは、良いときも悪いときもどっしりと構えて笑顔でいる、太陽のような母親の存在だということです。

つまり、子どもにどうなってほしいかを考える前に、自分がどういう母親でありたいか、ということを私は強く意識してきました。

種から芽吹いてすくすく育つ子どもに、光を照らし続けるのも母親。子どもが幸せを感じられるように、温かく見守り続けるのも母親。母親がいつも笑顔でいれば、子どもは安心して伸び伸びと育ち、やがて大きな花を咲かせます。

反対に、母親が雨のように冷たく、嵐のように激しく子どもにあたると、家庭は一瞬で暗くなり空気が凍りつきます。笑顔を忘れて、ガミガミ叱ってばかりいる母親の「負の圧力」は、子どもを脅《おびや》かし、才能や可能性の芽をつぶして、やがて枯らしてしまうでしょう。それほど、母親の存在は子どもにとって絶対的なものなのです。

ですから私は、疲れているときやイライラすることがあったときも、子どもの前ではなるべくマイナスの感情を出さず、笑顔でいるようにこころがけました。

ちょっとでも面白いことや楽しいことがあったときは、子どもたちにも話して、2

倍3倍の笑顔になりました。

子どもが安心できる家庭には、安定した生活リズムも欠かせません。

朝起きてから夜寝るまで、やることも時間もバラバラだと不規則になって、精神的にも乱れてしまいます。

でも、毎日ルーティンでやることが決まっていると、子どもがいちいち次の予定を考えずにすむので、生活リズムが安定します。たとえシングルマザーになっても、生活リズムが乱れなければ、子どもの心も大きくかき乱されることはありません。

その安定感が、習いごとや勉強の集中力にもつながっていくのです。

生活リズムをルーティン化することで、私自身の精神的な安定も維持できました。

朝起きる時間から寝る時間まで、「何時に何をする」「用事はその日の何時までに済ませる」など、やるべきことを決めると、いちいち「次は何をしよう？　どうしよう？」と考える必要がないので気が楽なのです。

夫婦の溝が深まってしまったときも、別居や離婚協議の渦中《かちゅう》で眠れぬ夜を過ごしたときも、毎日のルーティンだけは欠かさず続けてきました。

おやつや食事の時間も、習いごとや勉強の時間も、いつもの流れを守って、決まった時間になると子どもを寝かしつける。そうして、一日の最後は必ず子どもたちを安心させて入眠できるようにしていました。

私自身もルーティンさえ守れば、子どもが寝静まった後で弱い自分に戻っていい。たとえ心が折れそうなときでも、毎日の決まったリズムで活動していれば静かな気持ちが保てるから、そのうちいつもの自分に戻れるはず……。そう自分に言い聞かせてきたのです。


今振り返ってみると、その考えは間違っていなかったとはっきり言えます。

心が安定すると、自分の軸がブレなくなります。ブレない自分でいられるということは、強い母親として子どもを守ってあげられるということなのです。

POINT

「母親の安定」が「子どもの安定」に直結する

褒め方

「お母さんが怖いから勉強する」だと失敗する

息子たちが生まれたときから、**「子どもは自分の分身ではなく、違う個性を持つ人間だから、思い通りにならないのは当たり前」**と思って育ててきました。

子育てであまりイライラすることがなかったのも、子どもに指示命令する監督ではなく、子どもががんばったことを褒めて盛り上げる応援団長だったからだと思います。

そして、どんな時でもそばに寄りそって、必要があれば手伝ってあげるサポーターでもありました。

長男のハー君も次男のナー君も、私とは全然違う性格です。しかも、兄は真面目、弟はお調子者と、まるで正反対のタイプ。ですから、二人がそれぞれの長所を活かして活躍するたびに、「がんばったね」「すごいね」「できたね」「さすがだね」と声援を送り続けてきました。

同じ勉強をしていても、兄と弟ではやり方も違えば、得意不得意も違います。もちろん親である自分の子ども時代とも違います。それなのに親が、「こうしなさい」「あしなさい」と何もかも命令して、思い通りにならないたびに怒ったり叱ったりしていると、子どもはビクビクして親の顔色をうかがうようになります。

子どもには、大好きなお母さんに怒られたくない、認めてほしい、褒めてもらいたいという強い気持ちがあります。

でも親のために「いい子」のフリをしている子どもの仮面は、いつかはがれ落ちます。親が敷いたレールを歩かされていることに気づいたとき、その反動が必ず現れると思うのです。

息子たちが中学受験をしていた頃、私は、下校途中にある子どもを見かけました。息子の同級生で、大手進学塾に通っていたその子は、「ママが怖いから勉強している」「クラス落ちするとママに怒られる」と友だちと話しながら暗い顔をして、とぼとぼとうつむき加減で家に帰って行きました。結果は、残念ながら、親が望む志望校には合格できなかったと聞いています。

大人でも、私の知人の中には、「母親に一度も褒めて育ててもらったことがなかった。社長になれば、きっと褒めてくれるはず」と言いながら、日々の仕事をがんばり続けている人がいました。でもその人は、きまって毎晩、泥酔《でいすい》するまで飲み歩いて、母親に認めてもらえないストレスを発散していました。

そういう話を聞くたびに、子どもにとってはやはりお母さんがすべてなんだな、と思ったものです。同時に、そのお母さんが怖い存在だったら、子どもは親の顔色ばかり見て自分らしく成長できなくなる。本領を発揮できなくなる。そんな絶望的な人生にはしたくないから、子どもを叱るのは最小限に抑えよう、と心に誓いました。

子どもをコントロールするのではなく、応援団長やサポーター役として一歩引いて見ると、気持ちに余裕が持てます。私は、息子たちが何かできないことがあっても「大丈夫だよ」と励まして、できたときは、「もっとがんばればできるよ！」と背中を押してきました。

子どもは、お母さんの温かい愛情とやさしさをいつも求めています。いつだって甘えたいのです。母親はその欲求に応えてあげて、**子供が振り向いたときに、「それでいいんだよ」と、うなずいてあげる姿を見せてあげれば、子どもは自分で育っていきます。**

お母さんの声援を背中で聞きながら、子どもが自分で努力して高い目標を持つようになると、子育てはどんどん面白くなります。**親と子が、上下関係ではなく対等な関係でいることで、子どもから学ぶことも増えて親が刺激を受けるようになる。**それこそが理想の子育てだと私は思うのです。

POINT

母親は陰から支える応援団長

生活のしつけ

子どもの自己肯定感は、親からの信頼で養われる

子どもが生まれた時から、東京大学に入れたいと思ったことは一度もありませんでした。こう言うと、「まさか、うそでしょう?」「東大に入る子は、親が東大に入れるつもりで教育しているんじゃないの?」と思われる方もいるかもしれません。

もちろん、幸せで豊かな人生を送るためにはある程度の学力が必要ですが、まさか自分の子どもが東大に入れるなんて夢にも思わなかったのです。

ですから、息子たちが自分から東大を目指すと言いはじめたときは「うそでしょ?」と私のほうがびっくりしました。

ただひとつ、私がこだわったのは、**息子たちがいつか夢や目標を持ったときに大きく羽ばたけるように、足場を固める土台づくりをしっかりする**、ということでした。

まず、そのための「頭の土台づくり」として幼児教育に力を入れました。

そして、親である私自身がブレない軸を持つのと同じように、「心の土台づくり」として子どもにもブレない軸を持たせる必要もありました。

では、どうすれば子どもが自分の軸を持てるようになるでしょうか？

ひとつは、**自己を肯定できるか**どうかだと思います。「自分は愛されている」「認められている」「信じてもらえている」と実感できれば、「自分は大切な存在なんだ」と思える自尊心が高まって、自信を持つことができます。

自己肯定感が高まれば、長い人生のなかで挫折や苦境に直面しても、前を向いて自分の力で乗り越えていけると思うのです。

ですから私は、何があっても子どもを否定せず、信じてきました。「ハー君とナー君は、お母さんの宝物」「あなたたちがいるおかげでお母さんは幸せ」と、口癖のように言い続けてきました。

長男のハー君は、真面目過ぎるほど真面目な性格なので心配はいりません。しかし次男のナー君は、お調子者で要領がよく、小学生の頃はいわゆるギャングエイジのような時期もあったので、「この子、大丈夫かな？」と不安になったことがあります。

あれは確か、次男が小学5年生のとき。長い別居を経て、離婚が成立して1年ほど経った頃のことでした。

授業がはじまって席につくべき時間になってもウロウロしていた彼は、友だちの足につまずいて転んで、目の上をざっくり切ってケガしたことがあったのです。

次男は保健の先生と一緒に形成外科へ行き、すぐに迎えに行った私は、その先生からこう言われました。

「お母さん、この子は自分がやったことの何が悪かったのか、なぜこういうケガをしてしまったのか、的確に表現して説明してくれました。そして、足を引っかけた子は悪くないから怒らないでくれ、と私に言ったんです。心の優しい賢い子ですよ」と。

そのことばを聞いた瞬間、「この子も自分なりにちゃんと判断できるんだな」と安心した覚えがあります。

家庭環境が変わって、精神的にも少し不安定になっていたのでしょう。

その一件があってから、子どものことを世界で一番信じてあげられるのは親である自分だと改めて思いました。

第6章で詳しく述べますが、真面目な長男も中学時代は成績がガタ落ちしたり、いじめにあったりと、心配や不安に駆られたことは何度もあります。続いて次男も、中学3年生になると私に反抗的な態度をとるようになりました。

その時期はさすがに、モヤモヤしたりイライラしたこともありました。

それでも、子どもは子どもの世界でどんどん根を張って成長しているんだと思い、とにかく信じ続けました。


毎日、元気に学校に通って、少しは家の手伝いもしてくれて、少ないながらも親子で会話ができれば、それでよし。

そう思って子どもを信じてきたことは間違っていなかったと、今は自信を持って言えます。**親が子どもを信じて見守っていれば、子どもも自分を信じて前に向かって歩きはじめる**からです。

POINT

子どもの絶対の味方になれるのはあなただけ

取捨選択

大学を卒業させるまでは「子どもファースト」

仕事のキャリアと子育てと、どちらをとるかと聞かれたら、みなさんはどちらを選ぶでしょうか？　最近は、働きながら子育てしているお母さんもたくさんいますので、どちらも両立している方が多いかもしれません。

ただ、どうしても妊娠・出産と育児休暇で仕事にブランクができてしまうため、子育ての間はキャリアアップをあきらめてしまう女性も少なくないといいます。

離婚する前、専業主婦をしていた私は、迷うことなく子育てに専念していました。自分が働かなくても、元夫の収入だけで家計はなんとかやりくりできたので、子どもと過ごす時間を大切にしたかったのです。

離婚後は生計を維持するために、パートや派遣で働きはじめましたが、仕事よりも子育てを優先する考え方は変わりませんでした。

子どもが大学を卒業するまでは親の責任だと思っているので、それまでは「子どもファースト」でいこうと決めていたからです。

正直なところ、シングルだからこそ、仕事で無理をして体調を崩したりしたら大変だという思いがあったのも事実です。

私は、ひとつのことに集中して納得できるまでやり遂げるのは得意なのですが、複数のことを要領よく器用にこなすのが苦手な性格です。

ですから、仕事は子育ての負担にならない程度に、無理をしないよう努めてきました。

これがもし仕事第一だったら、子どもに構ってあげる余裕はありませんでした。息子たちにも、「いつもお母さんは仕事ばかりで、自分たちのほうを向いてくれない」と寂しさを感じさせたと思います。

実際、長男の中学受験が終わったあとしばらく、家計のためにフルタイムで働いたこともありました。ところが、月に数回、夜の9時、10時まで残業しなければならなかったため、子どもたちだけに心配や不安をかけたくなかったので3年ほどで辞めたのです。

残業はもちろん、仕事で失敗したり、嫌なことがあったりすると、どうしてもイライラしてしまいます。それでも、なるべく家では引きずらないようにスイッチを切り替えてはいましたが、やはり仕事のストレスはたまるもの。

当時は、長男に続いて次男が中学受験を控えていたため、仕事のことで子どもに悪い影響を与えたくなかったというのもありました。

勉強は孤独な作業です。中学受験も大学受験も、孤独との闘いです。それでも**がんばっている子どもを安心させて、励ましてあげられるのは私しかいません。**だったら、限られた期間だけでも、応援団長としての役割を果たしたいと思ったのです。

いくら子どものためとはいえ、自分のキャリアをあきらめると言うと、ネガティブに受け取られるかもしれません。母親には母親の人生があるのだから、自分を犠牲にするのはよくない、と言う人もいるかもしれません。

でも、私はもともと専業主婦だったこともあり、子育てより優先したいキャリアはありませんでした。それよりも何よりも子どもと一緒にいて、笑い合える時間があることに幸せを感じるのです。

そのような単純な理由もあって、子育てよりも仕事を優先する働き方は私にはどうしてもできませんでした。もちろん、両親そろっていて、子どものサポートも夫婦で分担できれば、共働きでも問題ないのかもしれません。

でもシングルになると、当たり前ですが親ができることも一人分になりますから、**できることとできないことを区別して、優先順位をつける**必要があります。

そのため私は、大学卒業まで「子どもファースト」で生活することを選んだのです。

POINT

「それは子どもにとって最良か」を常に自問する

モチベーション

「子どものやる気」は、「親の好奇心」に比例する

子どもが大学を卒業するまでは、できるだけ子どもと過ごす時間を大切にしたい。そう思った理由は、もうひとつあります。

母子家庭でも明るい我が家を目指していた私は、**自分が楽しいと思ったことを子どもたちと共有したかった**からです。

私は感激屋さんで、漫画でも映画でも、ニュースを観ていても、泣いたり笑ったりすることがよくあります。息子たちがいる前でも、いつも感情丸出しです。

そのほうが自分に正直でいられますし、息子たちにも感情豊かな人間になってほしかったので、ありのままの自分を見せていました。

映画やドラマを観ていて、悲しいシーンが出てくるとすぐ泣くので、「お母さん、また泣いてるの?」と、息子たちによくからかわれましたが、「この場面は泣くでし

ょう？　普通」と言いながら泣いていました。

その一方、何でも知りたがりで、試したがりなところもあります。興味があることは一度自分で体験してみないと気がすまないので、新しくできたスポットにもすぐ行きたくなるし、話題の映画もできるだけ観に行きます。

レンタルビデオもよく借りてきて親子三人で観ていました。流行も気になるので、次から次に知りたいこと、やりたいことがあふれてきます。

息子たちも、そんな私の好奇心や行動力に刺激されたのか、面白そうな映画があるとすぐに教えてくれます。私もよく息子たちに映画を勧めることがあって、天才数学者の半生を描いた『ビューティフル・マインド』を一緒に観たら、二人ともすごく感動していました。それで数学が好きになったかどうかはわかりませんが……。

そのように**親が日常的に好奇心を持って、新しいことを知り、体験する喜びや面白さを伝えると、子どもも自然と好奇心旺盛になります。**

今はスマホで何でも調べられるので、子どものほうが流行りものには敏感でいろいろな情報を教えてくれます。

私の好奇心をいま一番くすぐってくれるのは、好奇心旺盛になった息子たちかもしれません。

次男は必ず一日ひとつ、自分の中の流行があるので、「今日は何だろう?」とワクワクしながら話を聞いています。

特に面白かったのは中3のとき。次男が極道《ごくどう》にハマった時期があって、極道とは何かを調べたり、極道を主人公にした創作文を書いてみたりと、しばらくの間、極道ワールドを楽しんでいました。特に、『龍が如《ごと》く』というゲームにはまり、歌舞伎町《かぶきちょう》や道頓堀《どうとんぼり》のような実在する街をリアルに描いた極道の世界に夢中になっていました。

今でもときどき思い出したように、「極道が、極道が」と話すことがあるので、「本当に極道が好きなんだね」と笑って聞いています。

私は正直、極道の世界には1ミリも興味はありませんが、本人は義理人情《ぎりにんじょう》の世界にどうも憧れがあるようです。

たとえ親といえども、子どもが好きなものを否定してはいけないと思っているので、それはそれで楽しそうでいいなぁと思ってみています。

親が好奇心旺盛だと、子どもも自分から何か面白そうなもの、楽しそうなことを探すようになります。楽しいことが多ければ多いほど、人生は豊かになります。

そして、**何でも「見てみたい」「行ってみたい」「やってみたい」と思う習慣がやる気につながり、行動力にもつながっていく**のです。

POINT

親子で「楽しい」の共有を

生活のしつけ

「迷ったときはお母さんの顔を思い出して」と言える親に

「家は途中で建て替えられるが、教育はあとから組み替えたり、付け足したりはできない」

これは嫁ぎ先の義理の母が教えてくださったことばで、息子二人が東大生になった今、改めてその意味を実感しています。

私は、教育には2つあると思っています。

ひとつ目は、**常識やマナーを身につけて、善悪の判断ができる人間に育てる教育。**

2つ目は、**社会で生きるために必要な知識や判断力を身につけるために、学力を身につけさせる教育**です。

ひとつ目については、幼児期の頃から繰り返し教えてきました。

人に迷惑をかけない、嘘をつかないということに関しては、幼児期の頃からイヤというほど言い聞かせてきました。やっていいことと悪いことの判断に迷ったら、「お母さんを悲しませるようなことはしないで」と伝えました。

人に会ったら必ず挨拶をする。食事のときは音を立てて食べない。箸は正しく使う。和食、洋食など料理に合わせた行儀作法を守る……。

こうした常識やマナーも、一度、間違った習慣が身につくとなかなか直りません。ですから、小さいうちに体で覚えさせることが大事です。

また、家で食事するときは、お皿を出したり運んだりお手伝いするのも息子たちの役目です。食べ終わったあとのお皿も、必ず台所まで運ばせました。小学校高学年の頃からは、お皿洗いやお風呂の掃除もたまにやってもらうようになりました。

何もわからない子どもに、将来、自立するための生活習慣と人として恥ずかしくないマナーを身につけさせるのは親の役目ですから、そこは徹底しました。

2つ目の学歴については、私は最初それほど重視していませんでした。ところが、嫁いだ家が学歴重視だったため、義母から、「公文式は、毎日歯を磨くのと同じように当たり前の習慣にしてね」と言われたのです。そこで、「そういうものなのかな?」と思い、子どもは二人とも3歳から公文をはじめさせました。

実際、東大に進学した息子たちに何がよかったか聞いてみると、「公文をやっていたのがよかったと思う」と言っていたので、義母には感謝しています。


また、大阪府堺市にある幼児教室ハークを創業した杉浦類美子先生との出会いも、幼児教育の大切さを知るきっかけとなりました。

幼児期から子どもに将来のビジョンを描かせて、社会に貢献できる人になれるように伝え続けること。仮に、将来の夢が叶わなくても、自分が努力して身につけた学力や経験があれば、他の夢や希望を見つけたときに実現させることができる。

その杉浦先生の教えを胸に、子どもが勉強を楽しめる教育環境を与えることを重視したのです。


学力の大切さは、夫と別居した後、区役所の生活保護課で非常勤職員として働いていたときにも痛感しました。まず、初出勤した日にある職員から、「ここは驚くことばかりだよ」と言われたのです。その後、働きはじめて、サラリーマン家庭で何不自由なく育てられた私は、大きな衝撃を受けました。

字を知らないため、履歴書ひとつ満足に書けない人。就職面接の約束をしていても、会社に連絡もせず欠席する人。自立支援を促《うなが》す相談員も協力してようやく決まった就職先に初日から出社しない人。言いたいことがうまく伝わらず、癇癪《かんしゃく》を起こし相談員に椅子《いす》を投げつける人。

そういう学力や社会常識の欠如《けつじょ》が、自立の妨《さまた》げになっている現実を、まざまざと見せつけられたのです。

その状況は、親世代から続いていることも多く、親子世代間で生活保護に頼り続けて貧困の連鎖が止まらなくなっているケースも少なくありません。

その連鎖を断ち切るには、やはり子どものうちから「よみ・かき・けいさん」の基礎学力をつけていく以外にないのです。

その経験から、人生を幸せに生きていくためには、学力も学歴も大切だと痛感しました。また、子どもたちにもその話をして、勉強の大切さを伝えました。勉強は自分が幸せに生きるため。そして、人の役に立つ人間になるために必要なのです。

この2つの教育方針のもと、**子どもに言い続けてきたのは、「迷ったときは、お母さんの顔を思い出しなさい」ということば**です。「どうすればいいか判断に迷うことがあったら、お母さんを悲しませない選択をしなさい」と。

息子たちが私の手を離れて社会に出たあとも、迷ったときは、このことばに立ち戻ってくれたら、きっと正しい選択をしてくれるだろうと信じています。

POINT

社会常識も学力も、幼いうちから体で覚えさせる

第2章

シングルマザーの決意

取捨選択

子どもの「安定した生活」のために離婚を決意

離婚するなら円満離婚が理想ですが、残念ながら我が家はそういうわけにはいきませんでした。離婚協議は、養育費や財産分与問題と親権争いで、2年もかかってしまいました。

家庭の雰囲気が暗くなり、夫婦ゲンカが絶えなくなったのは、長男も次男も小学校低学年の頃です。夫婦の関係修復が絶望的になり、別居に踏み切ったのは、長男が小4、次男が小2のときでした。

その10年ほど前から、私と夫の関係はすでに悪化していました。でも、専業主婦として子育てに専念していたのと、別れる勇気がなかったため、日々流されてしまっていたのです。

しかし、夫婦の関係が完全に崩れて私のストレスも限界になり、子育てで重視してきた「安定した生活」を守ることができなくなったため、**「行動を起こさなければ何も変わらない」と離婚を決意**したのです。

決定的なきっかけとなったのは、子どもの様子がおかしくなったことでした。夜遅く、父親が「ただいま」と言って帰ってくると、子どもたちがビクッとして怯《おび》えるようになったのです。

おそらく、「パパが帰ってきたら、またパパとママのケンカがはじまる」という恐怖感が刷り込まれてしまっていたのだと思います。その様子を見て、「ああ、これはもう限界だ。夫とは一緒に暮らせない」と覚悟を決めました。

そのころは私も冷静ではいられず、どうしてもケンカになってしまいました。それでも言い争いは極力《きょくりょく》、子どもが寝静まるまで我慢していたのですが、ときに激しい怒鳴り合いもあったので、目が覚めて聞いていたのかもしれません。

子どもに対してどんなに、いいお母さん、いいお父さんのフリをしていても、夫婦の険悪な関係は隠しようがないので、子どもにはバレバレだったのでしょう。いままでは申しわけない気持ちでいっぱいです。

夫婦が顔を合わせれば言い合いになってしまうような家庭だと、子どもに心配や不安を与えるだけで、良質な子育てなどとうてい無理です。また自分がストレスで病んでしまったら子どもの将来はどうなってしまうのだろう？　という不安もありました。

私にとっては、子どもがすべてです。**自分のことはなんとでもなりますが、子どもの人生を親がめちゃくちゃにするようなことはしたくない。夫がいなくても、私が子どもたちを守ってみせる。**

そういう思いから、早く親子三人で新たな生活をはじめて、子どもにいい教育を受けさせるために努力しようと、離婚に踏み切りました。

POINT

夫婦の不仲は子どもにとって最悪の環境

モチベーション

離婚のゴタゴタの間は、感情を書き出してクールダウン

身近にいた離婚経験者の知り合いの女性から、「離婚を決めたら、親権を得るためには、子どもを絶対に手放さずに別居からはじめること」というアドバイスをもらっていた私は、実家に子どもを預けて荷物を運び出して、別居からスタートしました。

大企業に勤める夫がいて、二人の子どもにも恵まれて、広くてきれいな3LDKのマンション暮らしをしていた生活から一変。

母子三人で新しく生活をはじめたのは、線路沿いにある築40年の2DKのアパートです。そこからの約2年間、離婚協議が終わるまでが、精神的に一番つらい日々でした。

安定した仕事に就いていていない私が、息子二人を育て上げるためには、養育費が必要です。財産分与の話し合いもしなければなりません。

ところが、元夫はこちらの要求をすんなりとは受け入れてくれませんでした。話し合いにも応じることがなく、「弁護士を通してくれ」と言ってきたため、私も弁護士を立てて、離婚に向けた協議を進めなければならなくなったのです。

といっても、何もかもはじめての経験でしたので、文書や資料のつくり方など、わからないことだらけです。先のことを考えると不安がどっと押し寄せてきます。

幸せを夢見ていた結婚生活が崩壊したことを思うと、悲しみや不甲斐《ふがい》なさがわいてきて、自分を見失いそうになることもありました。

そんなとき、友人の紹介で、とても良心的で信頼できる弁護士との出会いに恵まれたのです。その弁護士には、安心して何でも相談することができました。

ただ、忙しい弁護士先生のこと。1時間なら1時間、約束した時間をムダにしてはいけないという思いがあったので、必ず事前に相談したいことをまとめたレジュメを用意するようにしました。

そうすると、それまで捌《は》け口《ぐち》がなかった不満や、自分のなかに渦巻いていたマイナスの感情も、一歩引いて客観的に見ることができました。

最初は、感情に任せて言いたいことをバーッと書き出すのですが、さすがにそのまま見せるのは気が引けるので、余計なことばを削っていくのです。

その作業を繰り返すことで冷静になり、**離婚のゴタゴタや自分の感情の整理もできて、落ち着いて物事を考えられるようになりました。**


どんなにつらい時でも、子どもの前ではいつもの笑顔のお母さんでいたい。

その気持ちは変わらなかったので、書くことで頭をクールダウンして、弁護士に何でも相談できたのは本当に助かりました。

弁護士と知り合う前は母に相談したり、父にメールで相談して冷静な返事をもらうことで救われていましたが、父と母では意見が違いますし、みんなの意見をすべて聞き入れることはできません。

そのため両親には、「信頼できる弁護士の先生が見つかったから、あとは先生に相談しながら進めていくから心配しないで。ただ見守ってくれたらいい」とお願いしました。

頼れる人がいなくて、離婚の問題を一人で抱え込んでしまうと、子どもに構ってあげる余裕もなくなります。そうなってしまったら、なんのための離婚かわかりません。
それだけに、弁護士選びはとても大事でした。もし、弁護士がいい加減な人だったら、うまくいくこともうまくいかなくなります。そういう意味では、親権、養育費、財産分与など、どんな話し合いも納得のいく結果に導いてくれた弁護士と、その弁護士を紹介してくれた友人には、本当に感謝しています。

POINT

子どもにストレスを向けないために、自分を客観視

取捨選択

離婚して決めた「やること・やらないこと」

離婚するときは、「やること」と「やらないこと」を決めました。

必ずやると決めたのは、何があっても子どもを守ること。離婚しただけでもダメージを与えると思うので、環境はなるべく変えずに子どもの精神的な負担を減らすこと。それまで続けてきた生活リズムを崩さないことです。そしてできるだけ明るくふるまい、母子家庭になった子どもたちの不安を取り除いてあげるように意識しました。

一方、**絶対に「やらない」と決めたのは、自分や子どもたちを両親がいる家庭と比較しないこと。**愚痴《ぐち》を言わない、ため息をつかない。そして、子どものまえで父親の悪口は決して口にしない。離婚したのはあくまでも夫婦の問題ですから、父と息子の良き思い出を壊さないように気をつけました。

また、子どもからも「親が離婚したことを友人に知られたくない」と言われたので、その気持ちを尊重して、学校では旧姓を名乗らせました。私自身も、離婚の話は、子どもたちが通っていた洗足《せんぞく》学園小学校（神奈川県川崎市）の校長先生と担任の先生、塾の塾長と、何人かの友人だけにしか話しませんでした。

なかには、「自分も小学生の頃、両親が離婚して同じような家庭で育った」と打ち明けてくれて、一緒に泣いてくれた人もいました。

でも子どもたちが、離婚のことで噂をされたり、友だちから余計な詮索《せんさく》をされることを避けるため、他の人には何も話さず、何の変化もないようにふるまっていました。

どの選択も、すべては子どもを守るためです。子どもにとって何が一番いい選択か、どうすれば守ってあげられるかを考えて、「やること・やらないこと」を明確にすると、迷いがなくなりますし、気持ちも楽になります。

POINT

子どものためになるなら「やる」。
それ以外はやらない

環境づくり

通勤通学時間を最小限にして日々をやりくり

母子で生活する新居は、できるだけ通学、通勤の時間のムダやストレスを減らすため、学校や職場に近いことを第一条件にしました。最終的に選んだのは、子どもが小学校に歩いて通える距離にある物件です。それくらい近ければ、もし地震などの災害があったとき、すぐに迎えに行けます。また、電車通学の時間がなくなったぶん、子どもの生活にも余裕が生まれますし、満員電車に乗るストレスもなくなります。

もちろん、シングルマザーになると経済的に苦しくなるので、都内にある実家に戻ることも当然考えました。しかし、やはり親でなければわからないこと、できないことはたくさんあります。

たとえば、息子たちは夕方になるとお腹が空いて、眠くなったり機嫌が悪くなりま す。私はそのことをわかっているので、早めに夕飯の仕度をしておくのですが、私の母には母なりの段取りややり方があるので、なかなかそういうわけにはいきません。

実家にいると楽をさせてもらえる部分もありますが、両親の生活リズムに合わせていると、夕飯の時間が普段よりだいぶ遅くなることがよくありました。

そうなると、勉強や習いごともある子どもたちのスケジュールを立て直すのが大変になります。であれば、自分のペースで子育てしたほうがスムーズですし、誰にも邪魔されないので気が楽なのです。

それとやはり、孫の世話のために親を束縛して、体力も落ち、年を取ってきた両親の家事労働を増やすのも申し訳なく思いました。数日間だけならまだしも、ずっと私や孫たちと一緒に暮らすとなると、両親もゆっくりできなくなります。

通っている小学校が実家の近くにあれば私も考えましたが、かなり離れていたので、やはり**学校の近くに住んで、そのぶん余裕を持って自分たちのペースで暮らしていこうと決めました。**

私が非常勤勤務で再就職先として選んだ区役所も、新居から近い場所にありましたので、結果的に、家族の通勤通学時間を大幅に短縮できました。

子どもにとっては、「お母さんがすぐ近くにいる」という安心感にもつながったと思います。

両親の離婚だけでも、子どもは精神的なショックや不安を感じているはずですから、他の負担になるようなことはできるだけ排除したい。

そのひとつが、**学校にも職場にも歩いて通える家選び**だったのです。

POINT

生活に余裕をもたせるには、まず行動範囲を狭める

環境づくり

「安心できる環境」さえ維持すれば、なにがあっても子どもは乱れない

離婚して変わるのは、お父さんがいなくなることと住む家だけ。子どもが通っている小学校は絶対に変えないし、お友だち関係も変えさせたくない。私には、そのような強い意志がありました。

離婚すると、いろいろなことをあきらめたり、妥協しなければならないと思いがちです。でも、**「これだけは死守したい」という強い気持ちがあれば、なんとかなる**ものです。

私にとってそれは、**子どもの環境をできるだけ変えないこと**でした。

小学校が変わると、転校生はまたゼロから友だちづきあいをはじめなければいけません。子どもがまだ低学年だったら、それでも慣れていくことができたでしょう。

でも、別居した当時、長男は小学4年生の2学期に入る前でした。他の学校の、す

でに人間関係ができあがっている世界に飛び込んでいく精神的プレッシャーを考えると、とてもそんなつらい思いはさせられないと思ったのです。

二人とも、私立の洗足《せんぞく》学園小学校（神奈川県川崎市）に通っていたので、転校するとなると公立小学校になります。長男のハー君はとても真面目な性格なので、別世界のような学校に入るとものすごく緊張するだろうな、不安定になるだろうなと、すぐに想像がつきました。

もちろん、定職がないシングルマザーが、二人の子どもを私立の学校に通わせ続けるのは大変なことです。一番のネックは、やはり経済的な問題でしたが、ちゃんと養育費をもらい、奨学金などの支援金を利用すればなんとかなるだろうと、あまり深く考えませんでした。第8章で詳しく述べますが、実際、学費はなんとかやりくりすることができました。

結果的に、学校を変えなかったのは大正解でした。
まず、離婚後も子どもたちはいつもと変わらずに学校生活を楽しむことができました。毎日の勉強や習いごとのリズムも、ほとんど変わらなかったため、日常生活が乱れることもありませんでした。

生活環境と生活リズムが変わらなければ、やはり精神的に安定します。精神的に安定できれば、習いごとや勉強にも集中できるのです。

POINT

「生活環境」と「生活リズム」は変えてはいけない

取捨選択

余計なことは、見ない、聞かない、流されない

母子だけの生活になって、「この先どうなるんだろう？」「自分一人で、子どもをちゃんと育てられるだろうか？」と、不安や心配ごとを考え出すとキリがありません。でも私の場合、よくよく考えてみると、離婚する前から夫は仕事が忙しく帰りも遅かったので、家事も育児もほとんど私の役目。完全なワンオペ状態だったのです。

そう考えると、別居して離婚してからも、やっていることはさほど変わりませんでした。離婚後は非常勤で近くの区役所で働きはじめましたが、それも9時から15時半までの短時間勤務。子育てに支障をきたさない程度の仕事です。

そのため今まで通り、自分のやり方と自分のペースで、子育てを続けることができました。

また、離婚を決めた後も、子どもに中学受験をさせて中高一貫校に行かせたいという思いは、変わりませんでした。

洗足《せんぞく》学園小学校（神奈川県川崎市）で素晴らしい教育を受けさせることができたので、中学高校でも、できるだけ質の高い教育環境で、優秀な友人に囲まれて切磋琢磨《せっさたくま》できる青春時代を送ってほしかったからです。

そのため、別居から離婚までの2年の間、長男は中学受験塾に通いました。

中学受験の世界には、さまざまな情報があふれかえっています。お母さん同士の会話でも、あの塾がいい、あの先生が人気といった受験情報が飛び交います。

クラス争いに躍起になったり、大手塾から個人塾とか、あるいはその逆のパターンで子どもを転塾させている親もいました。子どもに付きっきりで勉強を教えている親もいました。

ところがそのように、親が熱心過ぎたり、情報に振り回されたり、クラスや塾が安定しない子どもほど、成績が伸び悩んでいたのです。

そんな周りの状況を見聞きするたびに、「親がブレているのが一番よくないのでは？」と思った覚えがあります。

やはり私は子どもを信じて、褒めて、励ますことが一番大事だと思っていました。また、両親がいる一般家庭とは違い、我が家はシングル家庭なので、**「余計なことは見ない、聞かない、流されない」と心に決めていました。**

幼少期から毎日続けてきた家庭学習も功を奏したと思います。ただ、ありがたいことに二人とも勉強が好きになってくれたので、自分は間違っていないと自信を持って前に進むことができたのだと思います。

もうひとつ、私がそこまで中学受験に熱くならず、周りに流されなかった理由は、能力や性格的なものもあります。

私は子どもの勉強を見てあげられるほど内容を理解していませんでしたし、そもそもついていけませんでした。後から聞いたところによると、子どももそれをわかっていて、「お母さんにはこの問題は解けない」と思い、自分でがんばるしかなかったと言っていました。

私にできることは、**小学校の先生や塾の先生を信頼してお任せする**ことです。

自分の子どもを通わせている学校や塾の文句ばかり言っているお母さんも周りにいましたが、そんな話を聞かされるたびに、「じゃあなぜそこを選んだの？」と思ったものです。

自分が選んだ学校や塾のことは、信じて任せる勇気も必要です。**ああすればいいんじゃないか？　こうすればいいんじゃないか？　と常に周りを気にしてフラフラしているのが一番よくない**と思うのです。

これは中学受験に限らず、子育て全般に言えることです。

POINT

学校や塾には、信じて任せる勇気を

モチベーション

泣きたいときは泣く、つらいときは歌う

離婚の前後は、あまりにもストレスが多すぎて、ちょっと気を緩めると自分が壊れてしまいそうでした。でも、子どもにだけは心配をかけたくなかった。

そのため、イヤな思いをしたときはすぐ寝て忘れるようにしたり、何も考えないようにラジオを聴きながら料理をしたりして、努めて明るくふるまうようにしました。

それでも、自分の感情をコントロールできないときは、イライラしているのが子どもにも伝わって言うことをきいてくれません。そういうときは決まった時間に寝てくれないことも多く、「早く寝なさい！」「いつまでかかるの！」と声を荒らげたこともありました。当時、昼間に働いていた私が離婚協議の準備ができるのは、子どもが寝たあとの時間しかなかったのです。

ストレスや疲れがたまって精神状態が不安定になると、「いけない、いけない」と

自分ではわかっていてもなかなか気持ちを切り替えられません。
そうして自分を責めたり落ち込んだりしたときは、子どもが寝静まったあとお風呂のなかで泣いていていました。

つらいことを我慢して無理をしていると、マイナスの感情が爆発してしまいます。でも、泣きたいときは思いきり泣いたほうが、気持ちが落ち着くのです。
子どものあどけない寝顔を見ながら泣いてしまったことも、数えきれないほどありますが、**泣くとさっぱりして「明日もがんばろう」という気持ちになれました。**

音楽を聴きながら歌を歌ったり、好きな映画やドラマを観ているときも、その時間だけはイヤなことを忘れることができました。子どもたちの幼児期の頃のアルバムを見ながら、天使のような子どもたちを授かったことに感謝して、「この子たちがいればがんばれる」と、自分を励ましたこともありました。

それでも、離婚協議の準備などで自分が追い込まれていたときは、子どもたちだけ実家に預けて、一人で集中できる時間や、少し休む時間をつくっていました。私も一緒に実家に泊まりにいって、両親と話すことで元気づけられることもありました。

シングルマザーは、孤独な闘いを強《し》いられることがあります。そのとき、**がんばりすぎたり、我慢しすぎてしまうと、ろくなことはありません。**

大変なときほど、上手にガス抜きして気持ちを切り替えることが大切なのです。


どんな時も心がけていたのは、**子どもたちが帰ってきたら演技してでも笑顔で「おかえり」を言うこと**です。精神的にはなんとかバランスを保っていても、疲れ切った体が鉛《なまり》のように重くて動かないときもありました。そういうときは、子どもたちが学校に行っている間に少しお昼寝をして体を休ませて、「ピンポーン」とチャイムが鳴ったら元気なお母さんに戻って「おかえりなさ〜い」と出迎えるのです。

子どもの前では、演技してでも笑顔だけは忘れない。そのこだわりが、私の中の切り替えスイッチになったようにも思います。

POINT

子どもの前では、笑顔を忘れない女優になる

取捨選択

「すきま時間」を最大限に使う

子育ては時間との闘いです。これは、両親共働きでも、シングルでも同じなのではないでしょうか。

時間に追われてばかりいると気持ちの余裕がなくなります。「あれもやらなきゃ」「これもまだ終わってない」と気持ちばかり焦って、一日が終わる頃には倒れ込むようにベッドイン。シングルになってからそういう生活がずっと続きました。

それでも、一日のスケジュールのなかには意外とムダな時間があります。

たとえば、子どもが習いごとのサッカーやスイミングをしている時間。その施設で待っているお母さんやお父さんもたくさんいましたが、私は子どもたちを車で送っていくだけで、その間に夕飯の買い物に行ったり、カフェでコーヒーを飲みながらパソコンで作業をしたり、少しでもすきま時間を活用していました。

子どもがまだ寝ている早朝、寝かしつけたあとの深夜、塾や習いごとに行っている間の待ち時間。私は、10分でも20分でも時間ができると、細かい用事をひとつでも終わらせるようにしていました。

いちばん時間のやりくりが大変だったのは、子どもたちのスケジュールがバラバラだったときです。たとえばスイミングは、長男と次男のレッスン時間が違いました。そこで、どちらかが泳いでいる間、待っている子どもは宿題を終わらせるなど、**兄弟同士のすきま時間もムダにしないようにしました。**

ときどき車が渋滞にはまって、レッスンの開始時間に遅れそうになったときなどは、プールの玄関先に着いた瞬間、「はい、いってらっしゃい！」と子どもたちを車から送り出しました。

その後、私が更衣室に入って、慌てて着替えて散らかしていった子どもの服をロッカーにしまうたびに自己嫌悪です。

子どもを追い立てるように急かせてしまって悪かった。なんでもっと早く家を出なかったんだろうと反省したことも、一度や二度ではありません。

なにもかも母親一人でやっていると、やるべきことすべてに手が回らないことも多々あります。そこを**無理をするのはよくありませんが、せめて時間のムダ遣いは減らして、子育ても仕事も少しでも効率よく進めることが大切**だと思います。

POINT

急がば回れ。焦らずすきま時間を活用する

モチベーション

ママ友に振りまわされない

子どもが生まれてから、お母さん同士の付き合いがはじまる人は多いと思います。幼稚園の同窓会は、子どもが小6になるまで毎年開催されましたし、洗足《せんぞく》学園小学校（神奈川県川崎市）の同窓会も、子どもが20歳になるまで毎年開催されました。

私は、可能な限り集まりに参加して、幹事の当番が回ってきたら、断らずに引き受けてきました。

個人的にお付き合いしているママ友はそれほど多くありませんが、**子育ての悩みを自分ひとりで解決するより、同じようなことで悩んでいる人と話せることが心強い部分もありました。**

そのなかの数人とは今も仲良くお付き合いしていて、離婚してからも子どもの成長を語り合ってきた仲です。

そういう友だちは、私が離婚したことをわざわざ話題にすることはありません。離婚の原因や元夫の職業などもあれこれ聞いてきません。

そのようにお互い一定の距離を保ちつつ、それ以外のことは何でも話せる友人がいることは、本当にありがたいと思っています。

私の個人的な事情を知った上で長く付き合ってくれている友人は、特別に限られた人だけです。普段、学校や習いごとで会うお母さんたちには、自分がシングルマザーであることをいちいち話すことはしませんでした。

子どもの学校行事やサッカーの試合にいつもお父さんが来ていないことも、何か聞いてくる人がいたら、「仕事が忙しいので」とだけ言って軽くスルーしていました。

離婚する前は、子育てのことを相談していた人でも、離婚した途端に興味本位で根掘り葉掘り聞きたがってきた人もいます。そういう人には早い段階で相談するのをやめました。離婚のことを話すのは家族と弁護士さんだけ。そう決めていました。

同じ年頃の子どもがいるママ友は、仕事と子育てでみんないそがしかったので、他人の家庭のことに関心を持つ余裕のない人が多いのも助かりました。

たまに、ママ友のほうから、ご主人に対する不満や愚痴《ぐち》を聞かされることもありましたが、こちらはもっと切実な問題を抱えていたので、大らかな気持ちで話を聞くことができました。

子育てしているとママ友との付き合いに気を遣うことは少なくありません。離婚するとなおさら、単なる興味関心の対象になってしまうこともあります。

大切な時間を暇つぶしに付き合っている余裕はありません。余計な詮索《せんさく》をされないためにも、**プライベートの人間関係は、近親者もふくめて本当に信頼できる人だけに限定したほうがいい**と思います。

POINT

ママ友付き合いは、割り切ることが大切

取捨選択

経済的に負担になるような塾選びはしない

シングルになって一番困ったことは、経済的な余裕がなくなったことです。

一家四人だった頃は家族旅行が趣味でしたが、それもできなくなりました。たまに外食するときも贅沢《ぜいたく》はできないので、食べ放題のお店か安いチェーン店しか行けません。

ただ、私には兄がいるので、兄家族が旅行するときに便乗《びんじょう》させてもらって、息子たちだけ連れていってもらったことは何度かありました。

夏休みなどの長期休暇に楽しいイベントがまったくないのはかわいそうなので、そこは家族にお願いして協力してもらったのです。

誕生日やクリスマスも、離婚する前と同じようにケーキやプレゼントを用意して、普段より豪華な料理にしたかったので、実家に戻って両親に甘えていました。

一方、**離婚前と変わりなく、習いごとや塾には通わせ続けました。**

中学受験の塾もさまざまで、高い合格率を誇る大手塾には、志望校別対策コースがある塾や、個別指導と併用できる塾もあります。私の子どもたちの周りには、そんな大手塾に通っている子どもがたくさんいました。

私も興味を持って、サピックスや四谷大塚、早稲田アカデミーの授業料を調べたことがありますが、料金システムを見た瞬間、「うちは絶対ムリ!!」とすぐあきらめました。

最終的に選んだのは、電車賃がかからず車での送り迎えも必要なく、子どもが自転車や徒歩で通える場所にある小さな塾でした。

いくら子どものためとはいえ、経済的に無理ならば、あれもこれもと欲張れません。使えるお金の範囲で「できること、できないこと」がはっきりするので、判断に迷うこともありませんでした。

結果的にはそれでよかったのだと、情報が氾濫《はんらん》する中学受験の世界を見ていて思いました。

他の家庭と違って、我が家はできることが限られている。子どもたちもそれがわかっていたから、周りを気にすることもなく受験勉強に集中できたのでしょう。

POINT

背伸びしない。そうすれば迷わない

教育方針

シングルになって得た、「思いやり」と「たくましさ」

別居や離婚をすると、経済的な面で我慢をともなうことがたくさんありましたが、精神的には自由になりました。夫婦でいたときは、「なんでこうしてくれないの？」「あなたがやってくれると思っていたのに」と、夫に期待し過ぎて、期待通りにならないと不満を感じてぶつかっていたからです。

お互い、相手に対する期待値が高くて多くを求めすぎていたのでしょう。イライラが募るたびに「もう期待しない」と思うのですが、人は簡単には変わりません。

別居や離婚により、夫と生活するストレスがなくなったぶん、楽になり心も強くなりました。**「一人になっても、子どもだけはちゃんと育てていこう」という覚悟ができた**のも大きかったと思います。

子どもたちも、母子三人の暮らしになってから、だいぶたくましくなりました。ただ、家族四人暮らしから小さなアパートへ引っ越した別居初日のことは、今でも忘れられません。

別居のことを息子たちに説明したのは、夕暮れに車で移動していたときです。「お母さんね、お父さんとお別れしたんだ。これからはお母さんと三人でやっていくんだよ。みんなで協力し合って、がんばろうね」と話しました。

そこまで言うと今にも泣きそうになり、後部座席に座っている子どもを振り返ることができません。そこで前を向いたまま、「ごめんね。お母さんがんばるからね」とだけ伝えました。

バックミラーに映る可愛い子どもたちの顔は、ちょっと不安そうでしたが、長男は「大丈夫だよ」と返事をしてくれました。次男はキョトンとした顔で聞いたので、事態が飲み込めていなかったのかもしれません。

それから、子どもたちは私の心中を察してくれたのか、「なんで?」「どうして?」と離婚の理由を聞いてくることは今もありません。

小学4年生と2年生の一番子どもらしい時期に、精神年齢を早く大人にさせてしまったのは確かです。それからというもの、息子たち兄弟はよりいっそう仲良くなり、私を困らせたりわがままを言うことが少なくなりました。

ひとり親の家庭の子どもは愛情に飢《う》えるから、甘えん坊になったり、素直に育たなくなる、などという人もいますが、そういうこともなかったと思います。

これがもし母一人子一人だったら、こうはいかなかったかもしれません。兄弟がいることで寂しさが半減したところもあると思います。あるいは、私が努めて家庭の空気を明るくするように意識していたのもよかったのかもしれません。

いずれにしても、二人とも私のことを心配して、よく協力してくれる、やさしい素直な子に育ってくれました。**シングルになったことで、母と子の絆《きずな》が深まって、お互い助け合い支え合うことができる**、思いやりとたくましさを身につけてくれたのです。

POINT

覚悟が母を強くし、絆《きずな》が子どもを強くする

第3章

幼児教育

基礎能力は、3歳から6歳までの幼児教育がカギ

子どもをどう育てるかは本当に親次第です。純粋無垢《じゅんすいむく》の真っ白な状態で生まれてきた子どもは、親の育て方によってどんな色にでも染まっていきます。

ですから、子どもを授かったときは、乳飲《ちの》み子を抱っこしながらどのように育てていけばいいのか考えました。といっても私自身、難関大学を出ているわけでもないので、そこまで真剣に教育のことを考えていたわけではありません。

ところが、前にも書いたように、嫁いだ先の義理の母は非常に学歴を重視する人で、夫も含めた三人の子どもが、レベルの高い難関大学を卒業したことを誇りにしていました。

その話を聞いたときは、「すごいな、どうやったら子どもたちがそうなるのかな」と驚いただけで、他人事のように思っていたのです。「私は私。自分らしく子育てし

よう」と最初は割り切っていました。

しかし、長男が3歳の頃、義母のすすめで公文式をはじめてから、自分でもいろいろ調べはじめて、前述した幼児教室ハーク（大阪府堺市）の杉浦類美子先生と出会いました。そして子どもの人生の土台となる幼児教育の大切さを教わったのです。

脳科学にもとづいた適切なトレーニングを行うことで、子どもが持って生まれた能力は最大限活かすことができる。そのことを知った私は、単純に、母にできることがあるなら子どもの才能を伸ばしてあげたいと思うようになりました。

そして、ハークの母親学級にも通い、幼児期に子どもの知能を育てるための具体的なステップについて詳しく学んでいきました。

実際、子どもに公文やハークの教材をやらせてみると、面白いように知識を吸収して、記憶していくのでびっくりしました。

何より嬉しかったのは、子ども自身が、「できた！」と喜んで、小さな達成感をたくさん味わっていたことです。

最初は無理しないように、少しずつやらせてみるのですが、だんだんコツがわかってくると、「これもできた！」「あれもやってみる！」と次から次にチャレンジしたがるのです。

ハークでも、さすが先生がプロなので、子どもの右脳がフル回転するほどさまざまな教材を使いこなして、60分ほどのレッスンがあっという間に終わります。

その次のレッスンまでの1週間は、自宅でも毎日教材を使って、子どもたちを刺激していました。

あの頃の、**3歳から6歳までの幼児教育が、息子たちの基礎能力を高めてくれたと今は断言できます。**

では、具体的にどういうことをしていたのか、これから説明していきましょう。

POINT

幼児教育で学習の土台づくりを

勉強のしつけ

3歳からえんぴつを持たせる

3歳で公文式をはじめたときは、迷路のプリントでえんぴつの持ち方や筆圧の訓練をしました。幅が広いかんたんな迷路を、スタートからゴールまで線を引きながらたどっていくのですが、はじめてえんぴつを持つ子どもは、すぐにはきれいに線を引けません。

左右の壁にかからないように真ん中に線を引いて、角もきれいに曲がれるようになるまで、何枚も繰り返し練習しました。

だんだんコツをつかんで、間違いなくできるようになると、自分からやりはじめます。

そして、**最初は、「1日1ページやろうね」と言ってやったプリントが終わると、「やったね！」「できたね！」と必ず褒めます。**

そうすると、「もっとやりたい！」と言い出すので、書店で売っている同じレベルのドリルを買い与えていました。

長男は迷路なら迷路だけ、自分でコツコツ進めていくのが好きなタイプ。気がつけば一気に一冊丸ごと終わらせてしまうほど、自分から楽しんで先へ進んでいくので、「この子はこういう勉強のやり方が好きなんだ」と思ったものです。

次男も同じように迷路のプリントからはじめましたが、公文の宿題が早く終わって、他のドリルを与えても、一冊終わらせることはありませんでした。

そのかわり、迷路ではなく1から20までの点をつなげてイラストを描く「点つなぎ」のプリントをやらせてみたら、こちらは楽しそうに進めていきました。

そのように、**同じプリント学習でも、性格が違えば好みもやり方も違います。**どういうペースで、何をやらせればその子が楽しく勉強できるか知るためにも、公文のプリントやドリルは役に立ちました。

えんぴつを持たせはじめたら、とにかく何でも書かせてみることです。公文の迷路や点つなぎにより筆圧の訓練をした後は、書くことに抵抗がなくなります。すると、紙とえんぴつを与えられた子どもは、好き勝手に何かしら書きはじめます。

たくさん書く練習をすると、その後に続く算数や国語の勉強にもスムーズに移行できるようになるのです。

POINT

紙とえんぴつを与えたら、あとは子どもにゆだねる

学びの促進

右脳と左脳をバランスよく、徹底的に刺激する

幼児教育の基礎は、子どもの右脳と左脳の才能をバランスよく開発していくこと。

幼児教室ハーク（大阪府堺市）でその重要性を学び、さまざまな教材の活用法を教えていただきました。

まず、**右脳開発のために幼児期に覚えさせることは、「色、図形、大小、数、量、空間認識（上下・左右・前後）、比較、順序、時間、お金」の概念です。**ハークでは、この基礎概念を学ぶためのカード72枚、１４４種の教材を使用していました。

自宅では左脳を刺激する学習が中心だったので、七《しち》田《だ》式の、「ちえ・もじ・かず」のプリント類を、毎晩、子どもがお風呂から上がったあとにやっていました。

小林一茶の俳句カードを使って、遊びながら俳句を覚えて暗記力も高めました。

情報の少ない明治時代や大正時代に、外国語を苦もなく覚えられた人がいたのは、幼児期に『論語』や『孟子』などの「四書五経」を寺子屋などで暗唱していたからだともいわれています。

幼児期に暗唱訓練をすることで、脳に記憶の回路ができて、意味がわからないものでも覚えられる能力が高まるのです。

100玉そろばんも、毎日、家で欠かさずやっていました。

まず、1から100までひとつずつ玉を動かしながら数えます。その次は偶数だけ、「2、4、6……」と飛び石で。次は、「1と9で10、2と8で10、3と7で10……」というように、1から10までの足し算を、手で玉を動かしながら覚えます。

それが終わると、次は「10、20、30、40……」と10の集まりで数えていきます。

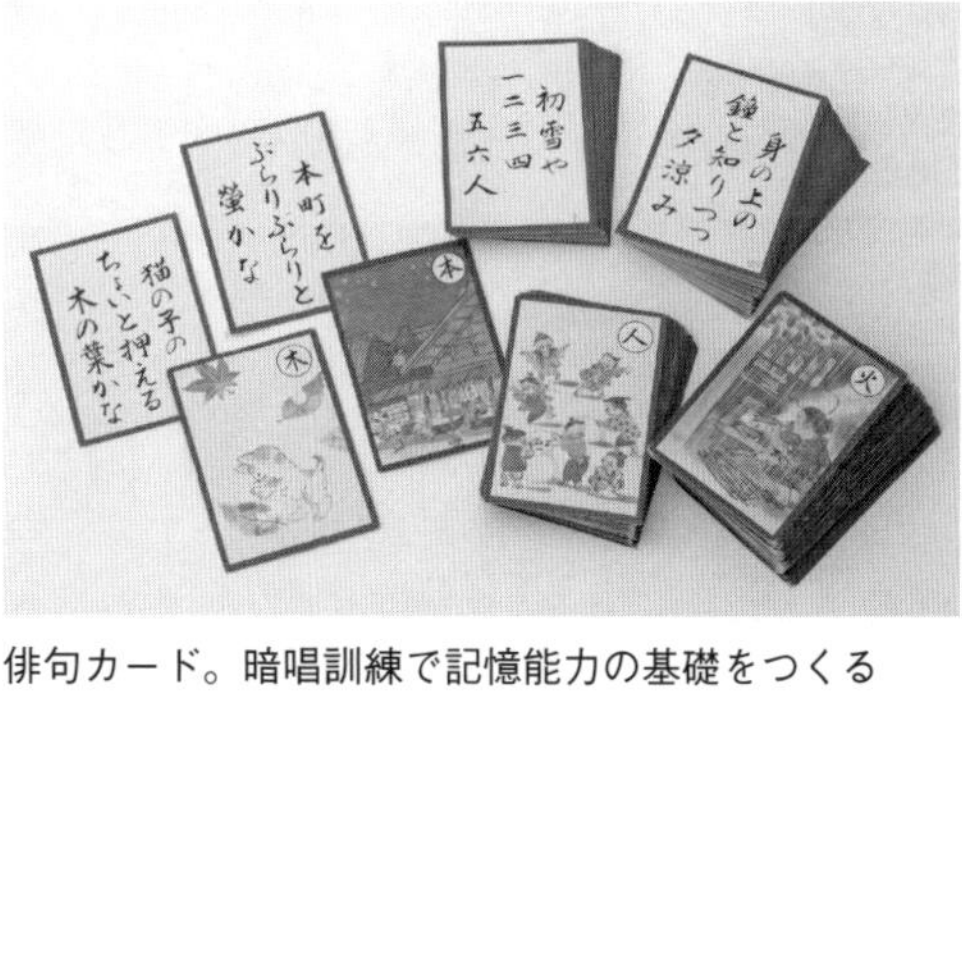

俳句カード。暗唱訓練で記憶能力の基礎をつくる

１００になると、「10の集まりが10個で１００だよ」と教えます。そのあとは、１００から逆算して「99、98、97……」と玉を動かしながら数えていきます。これはちょっとキツいのですが、慣れると速く数えられるようになります。

この１００玉そろばん学習は、長男も次男も3歳から小１まで続けました。

勉強にもいろいろありますが、私は特に「数字に強くて算数が得意な子にしたい」という思いがありました。

ですので、公文式の先生からすすめられた『すうじノート』(くもん出版)も使って、1から１００、１０１から２００、２０１から３００……、最後は１０００までと、大きい数までマス目に書かせました。お風呂から出るときも、**「1から１００までと、１００から1まで数えてから出ようね」が私の口癖。**とにかく、数字三昧《ざんまい》の日々です。

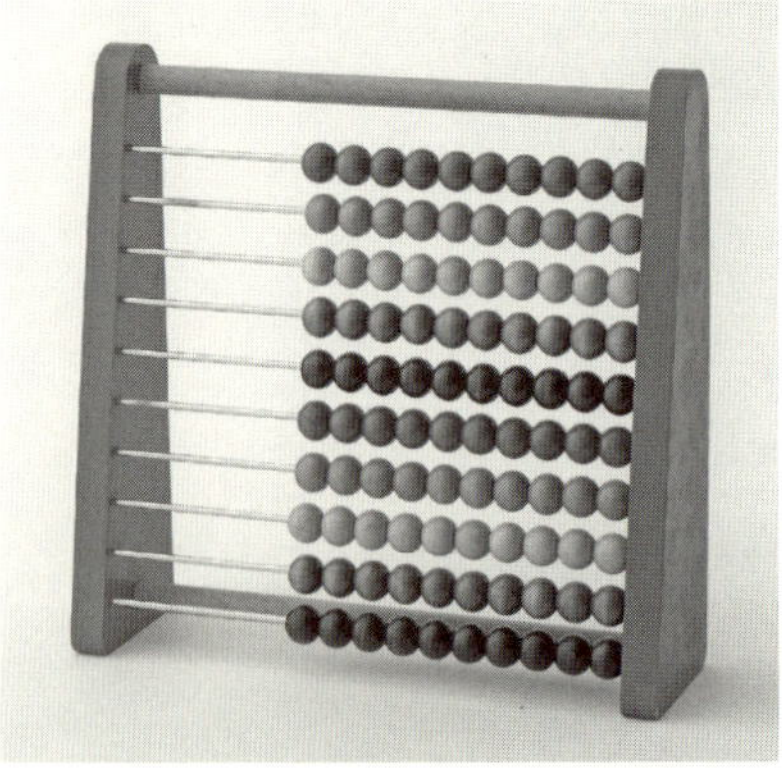

数字に強くしたいのなら、100玉そろばん。
毎日欠かさず繰り返す

そういった数や計算に慣れさせる訓練のおかげで、息子たちは数字に強くなりました。円周率を420桁まで覚えたときは、さすがにびっくりしましたが……。

特に長男は、ハークの杉浦類美子先生が「数学的センスがある」といち早く気づいてくださり、ニキーチンの積み木遊びや立体パズル、図形パズルなどで空間認識力を上げるようにアドバイスをいただき、自宅学習に取り入れていました。

反対に、長男の苦手は手先を器用に動かすことで、「巧緻性《こうちせい》」が弱いことも早い段階でわかっていました。

そのため、ひも通し、指にかけた輪ゴムの伸縮運動、固《かた》結びや蝶々《ちょうちょう》結び、玉や小豆をピンセットでつまむ練習などもしました。

次男も、長男が幼児教室ハークに行くときは授業を見学したり、家庭学習を目の前で見ていたりしたので、自然と興味をもって一緒に楽しく取り組んでいました。3歳になると、長男と同じようにさまざまな教材を活用して、右脳と左脳と刺激する学習を続けました。

私は、「この先生は信頼できる」と思ったら、言われたことを何でも素直に聞き入れるところがあります。そして、一度やると決めたことは、ひとつひとつクリアして達成感を味わうのが好きなのです。

ハークの幼児教育は、そんな私の性格に合っていました。具体的にやるべきことが決まっていて、その成果が目に見えてわかると、俄然《がぜん》燃えるのです。

小学校受験に求められる「空間認識力」「巧緻性」は、まず積み木や図形パズルで高めていこう

ただひとつ気をつけていたことは、子どもに勉強を押しつけないことです。公文のプリント学習も、１００玉そろばんも、パズルや積み木も、親にやらされてイヤイヤながらやっていると苦手意識が出てきます。

勉強が嫌いになってしまったら本末転倒《ほんまつてんとう》。逆効果になってしまいます。

そのため、毎日のプリントや教材学習は、幼稚園に行く前にひとつやる、帰ってきてからまた2つやる、というふうに、無理のない範囲でやらせていました。
それが終わったら、本人がそれ以上やりたがらない限り終了です。パズルや積み木は、兄弟で普通におもちゃとして遊んでいることもありましたが、親が「これをしなさい」とは言いません。

また、家庭学習が終わったら、ご褒美にお菓子を食べさせて、好きなテレビも見せてあげました。がんばった後に楽しいことが待っていると思うと、子どもたちも「今日のプリントも早くやろう！」「早く数を数えよう！」と集中するからです。

POINT

決められた時間に決められた量を。過度にやらない

毎日、ことばのシャワーを浴びせる

人間はことばの生き物です。ことばがわからなければ人と会話できませんし、自分の気持ちを伝えることもできません。もちろん勉強も、ことばの意味を理解できなければ、問題を解くことも答えを書くこともできません。数字に強くなることも大事ですが、それ以上に、**ことばの発達をうながすことが重要**だということも、幼児教育では意識しました。

まずリビングの目立つ場所に、公文式のひらがなとカタカナのポスターを貼りました。しりとり遊びもよくして、親子で一緒に童謡を歌ったりもしました。

季節が変わると、「春になったらサクラが咲くね」「夏はスイカがおいしいね」と、その季節にまつわるものを連想させながら会話したのも楽しい思い出です。

4歳までにひらがな、カタカナを覚えると、そのあとは一人で絵本が読めるようになります。外を歩いていても、自分でわかる文字や言葉をさがして、「お母さん、あそこに、こんなこと書いてあるよ！」と教えてくれるようになりました。

また、スーパーマーケットは、品物や名前の宝庫なので、子どもたちと一緒に買い物に行って、「これはリンゴ」「このお魚はマグロだね」と、品物を指さしながら名前を教えました。肉、魚、野菜、くだものといった分類分けも、スーパーだと目で見てわかるので理解しやすいのです。最後に、お菓子をひとつ、子どもと相談しながら選んで、買ってあげるのも忘れません。

絵本の読み聞かせも、3歳頃から小学3年生まで毎日続けていました。

一日の終わりに気持ちを落ち着かせて、安心して眠れるようにするためにも、読み聞かせは欠かしませんでした。公文の「すいせん図書一覧表」のAレベルまでは絵本なので、幼児期はそちらを参考にして図書館で借りていました。一人10冊まで借りられるので、息子二人で毎週20冊、上限まで借りるのです。

「すいせん図書一覧表」のBレベル以降は本なので、子どもたちが自分で読めるようになった頃から借りはじめて、読みたいときに読めるようにリビングに置いていました。ひらがなを早い時期から読めるようにすると、子どもは本の世界にどんどんはまっていきます。

ただ、息子は二人とも、自分の気持ちをことばで表現するのが苦手だったので、**読み聞かせのあと、必ず本の感想を言い合うのも習慣にしました。**

「○○ちゃんは、いまどんな気持ちだと思う？」「次はどうなるかな？」「ハー君やナー君だったらどうする？」と質問して、考えさせて、感想を言い合うのです。

読んだ絵本の物語の振り返りもしていました。

「この子は何番目だった？」「○○ちゃんが隠れている場所はどこだったかな？」「このお話の中で、男の子と女の子は何人いた？」といった具合です。

また、**子どもたちが知らないことを私に聞いてきたときは、すぐに答えを教えないようにしていました。**子ども向けの百科事典を、いつでも読める場所に置いておいて、「事典で調べてみてごらん」と言ったり、「お母さんはよくわからないから、調べて教えてね」とお願いしたのです。そして一緒に、事典をのぞき込みながら、「へえ、そういうことだったんだ」「こんなこと知らなかった。ありがとう！」と私も反応を示すと、子どもたちは自分で調べたことの達成感を味わえます。

そのように、**日常のあらゆる場面でことばのシャワーを浴びることを意識**していました。次男は、その効果のおかげか、国語が得意になり、表現力も豊かになって、話が面白い子になりました。一方、長男はそれほど本に興味を持たず、国語の勉強も算数に比べると苦手なほうでした。同じような環境で、同じような家庭学習をしても、その子の性格や資質によって好き嫌いは分かれます。

親としてはもちろん、算数も国語も、何でも好きになってくれることが理想でしたが、長男は大学受験まで国語には苦戦していました。

最終的には、予備校の授業でコツをつかんで国語力も上がっていったので、幼児期のことばの学習はムダではなかったと思っています。

POINT

図書館で絵本を借りまくって毎日読み聞かせ

モチベーション

「この子は何にこだわるのか？」その個性を見極める

親がいくら教育熱心になっても、子どもがやる気にならなければ学力は身につきません。それでも、ついつい子どものためと思って、いろいろやらせてみたくなるのが親心です。

何でもできるようになってほしいと思うがあまり、それが期待外れに終わると、「こんな簡単なこともできないなんて」「もっとできると思っていたのに」とガッカリしてしまう……。そんな経験がある方もいるかもしれません。

私もときどき、自分の期待を押しつけていないか気にするようにしていました。教育熱心になりすぎて、子どもを潰さないためには、**「親のために子どもを教育している」のではなく、「子どものために子どもを教育している」**ことを、はっきりと自覚する必要があります。

子どものための教育というのは、**子ども自身が学ぶことを楽しみ、新しいことを知る喜びや面白さを知って、「やればできるんだ」という自信を持たせること**です。

では、どうすれば子どもは学ぶことを楽しむようになり、やる気を持つようになるのでしょうか？

私が参考にしたのは、モンテッソーリ教育の考え方でした。

息子は二人とも、普通の幼稚園に通わせていましたので、モンテッソーリの幼児教育施設に入れたことはありません。

それでも、幼児教育に興味があれば、世界中で支持されているモンテッソーリ教育の情報は耳に入ってきます。そこで、インターネットで調べてみたところ、共感するところがたくさんありました。現在、発売されている『ママ、ひとりでするのを手伝ってね！』（相良敦子著／講談社）という本もとても参考になるので、興味がある方はぜひ読んでみてください。

モンテッソーリの教育施設は「子どもの家」と呼ばれ、次の4つの条件を満たす

「整えられた環境」が用意されています。

①子どもが自由に教具を選べる
②「やってみたい」と思わせるおもしろそうな教具がある
③年齢縦割り型で、年上の子どもが年下のお世話をしたり、年下の子どもが年上の子どもの真似をしながら社会性や協調性を身につけられる
④それぞれの子どもの発達段階に応じた環境で、子どもの自己形成を助ける教師がいる

この4つの要素を我が家も真似して、実践するようにしました。

モンテッソーリ教育で大切にしているのは、子どもの自信とやる気の芽を摘んでしまわないことです。

そこで、教具を使った活動を「お仕事」と呼び、目的のない遊びと区別するため、「お仕事終わった?」「お仕事できた?」と子どもに声をかけるようにします。

同時に、子どもがそれぞれ「何にこだわっているのか」「何を好んでいるのか」を

観察して、やりたいことや好きなことには一生懸命取り組ませるのです。

この教育方針がブレなければ、子どもは自分からどんどん新しいことを学んでいきます。やる気と自信を持って、物事に取り組むようになります。

長男は小学校を受験、次男は幼稚園と小学校を受験したので、そのためにやるべきこともたくさんありました。基本的には幼児教室ハーク（大阪府堺市）で指導いただいたことを継続することで対策を立てられましたが、受験となると親も焦りが出てきます。

そんなときも、このモンテッソーリ教育の基本を忘れないようにすれば、間違ったことにはなりません。親として自分の教育を客観視するためにも、いつも心に留めておきました。

POINT

モンテッソーリ教育で自信とやる気を育む

第4章

小学生時の過ごさせ方

教育は一に環境、二に環境

子どもはできるだけ質の高い教育環境で学ばせたい。子育てがはじまった早い段階でそう思いはじめたのは、質の高い教育を受けてきた友だちと刺激を与え合える環境のほうが、子どもの自己形成や才能の開花につながると思ったからです。

質の高い教育を受けられるのは、国立か私立だと思った私が、私立の洗足《せんぞく》学園小学校（神奈川県川崎市）を選んだのは、共学にもかかわらず男子は附属中学がないため、中学を外部受験することが必須だからです。子どもは中高一貫の進学校に入れたかったため、中学受験に向けたレベルが高い授業を高学年で受けられるのも魅力でした。

実際、洗足学園小学校の6年間の生活でよかったことはたくさんあります。

ひとつは、低学年からはじめた**「日記漢字」**です。

「日記漢字」は、日記のページと漢字のページが観音《かんのん》開きになっているもので、毎日、30分ほどかけて自分が選んだ漢字と日記を書いて担任に提出するものです。

自分で書く漢字は選べるので、頻出《ひんしゅつ》漢字や塾の漢字テストの練習になり、効率良く漢字練習をすることができました。

朝は20分の読書タイムがあり、1年生から4年生までは、「暗唱文」も導入しています。そのような活動を通して、本や文章を読むことに抵抗がなくなり、言葉のリズムや抑揚《よくよう》を楽しみながら、長文の暗唱もできるようになりました。

「漢字検定」や「筆算検定」も定期的に行っていたので、日常の勉強の延長線上で楽しみながら試験に挑戦する姿勢も身につきました。

洗足学園小学校は、情操《じょうそう》教育にも力を注いでいる学校です。広い校庭で思い切り遊ぶ時間も大切にしていたので、子ども自身で、「静と動」のけじめがきちんとつけられるようになりました。

親が何も言わなくても、遊び終わったあと自分から机に向かったり、逆に勉強が終わったら思い切り遊ぶなど、勉強と遊びのメリハリと集中力が身についたのも、洗足学園の教育があってこそだと思います。

我が家は、幼児教育からの延長線で私立小学校に入れましたが、公立小学校でも親ができることはたくさんあると思います。

日記や漢字は、市販のノートを利用して毎日の家庭学習に取り入れることができますし、読書習慣も、図書館で本を借りてきて読み終わった本の読書記録をつけさせると達成感につながります。朝読書も、私立公立関係なく今は多くの学校で導入しているようです。

子どもが幼児の頃から家庭学習を続けていて思うのは、**知恵と工夫次第で、自宅も楽しい教室になる**ということです。

よい教育はよい環境から、というのは学校に限ったことではなく、自分の家庭にも言えることなのです。

POINT

自宅も楽しい学習の場に

褒め方

褒めて、褒めて、褒めて、甘えん坊の欲求を満たす

小学生の子どもは遊びたい盛りです。特に男の子は、じっとしているより体を動かすほうが好きなので、我が子も休み時間や放課後など、暇さえあれば友だちと鬼ごっこやサッカーなどをして遊んでいました。

かといって、遊ばせてばかりもいられませんので、やるべきことはちゃんとやらせるのが親の役目です。

子どもの「遊びたい」気持ちと「勉強しよう」と思う気持ちの切り替えには、いろいろと工夫が必要でした。

小学校低学年のときの学習時間は、平日は1時間30分から2時間くらいでした。日記漢字30分、学校の宿題と公文式のプリントで1時間から1時間30分ほどです。土日はこれに、サピックスの通信教育『ピグマキッズくらぶ』や『ハイレベ１００』(奨

学社）など市販のドリルを2時間ほどプラスしていました。

これらを一気にまとめてやるのは大変なので、日記漢字は朝の登校前に、宿題と公文は学校が終わって帰宅してから、友だちと遊んだりゲームをする前に終わらせるようルールを決めました。

小学生から、週1回のスイミングと、週1回のサッカー教室の習いごともはじめたので、その日は習いごとの前に勉強を終わらせるようにしました。土日の学習は午前中がメインです。

遊んでから勉強をすると、疲れてやる気が出ません。楽しみごとが残っていないので、馬がニンジンに向かって走るような勢いもなくなります。

でも、**「勉強が終われば遊べる！」と思うと、1分でも早く終わらせるために集中するの**です。

幼児教育は、右脳と左脳を刺激するのが目的でしたから、子どものやる気が持続しなかったり、できないことがあると、「これは今日はやめとこうか」と声をかけました。そして、**「何やりたい？」「何だったらできる？」と子どもがやりたいことを選ばせて、無理はさせません**でした。

でも小学生になると、その日の課題が終わらなければ翌日に持ち越しになります。そのぶん、一度にやる量が増えるとますますやる気が失せてしまうのです。

ですから、小学生になったら、勉強が終わると遊べる、勉強が終わると大好きなおやつが食べられるなど、ご褒美のニンジンをたくさんぶらさげるのはもちろん、勉強の進み具合もつねに気にかけていました。

キッチンから見えるリビングのテーブルで勉強していたので、子どもが何かわからないことがあったり、困ったことがあって、「ちょっときて」と呼ばれたら、料理の途中でもすぐにみてあげます。

何度も呼ばれて行ったり来たりしていると、料理もはかどらずイライラしそうになりますが、子どももも遊びたいのを我慢してがんばっているのです。

その手を止めさせないことは、料理を後回しにしても大事なことだと思ったので、困っているときは「なになに？　どうしたどうした？」とそばまで行って、横についてみてあげるようにしました。

幼児教室ハークのサイトには、こんなブログがあります。

子どもが報告してくる「聞いて聞いてあのね、きょうね」は、聞いてもらって初めて記憶として脳に残るのだそうです。

聞いてもらえないと脳は無かった事と認識する。

現実が消えるのです。

聞いてあげることは、すごく大事なこと。

できれば、目を合わせて聞いてあげてください。

そして、それはきっと、大人も同じ。

沢山の思い出が残るように話をいっぱい聞いてあげてください。


小学校低学年の子どもの精神年齢は、親が思っている以上に幼いものです。

一人でできるようになったことが増えても、母親に甘えたいし、注目してほしいし、かまってほしい。勉強も本当は一緒にやってほしいし、褒められたいし、認めてもらいたい。そんな思いをグッとこらえて、自分のことをがんばっているのです。

だから、その**甘えん坊の欲求を満たしてあげることが、子どものやる気を引き出す最大のポイント**だと私は思っています。

勉強ができて点数がよかったときも、拍手をして「すごい、すごい！」とベタ褒めして、髪がグチャグチャになるまで頭をなでてあげました。

大好きなお母さんからいっぱい褒めてもらえると、子どもは自信を持ってその先へ進んでいけるのです。

POINT

勉強の手を止めさせない。呼ばれたらすぐ行く

健康管理

勉強ができる子にしたいなら、とにかくたっぷり寝かせる

脳も体も日々発達している子どもにとって、良質な睡眠をたっぷりとることはとても大切です。

勉強ができる子にしたいなら、たっぷり寝かせること、といっても過言ではないと思います。

大人である私自身も、睡眠不足になるとすぐに調子が悪くなるため、我が家では早寝早起きに昼寝をプラスするなど、親子でなるべく睡眠を多くとるように気を配ってきました。

小学校低学年から中学年までは、夜9時半には寝かしつけました。

ベッドに入って読み聞かせが終わったらすぐにぐっすり眠れるよう、学校の休み時間や放課後は体をいっぱい動かす遊びをすすめていました。

学校から帰宅して宿題が終わったあとも、外に飛び出して友だちと公園で思い切り遊んでいたものです。

「今日はちょっと疲れていて眠そうだな」と思ったときは、学校が終わったあと少しだけお昼寝をさせて、夕方から勉強をさせたこともよくあります。

お昼寝しないときは、早めにお風呂に入れて眠気をとってから勉強させたほうが、集中できました。

習いごとがあるときは、移動中の車の中で10分でも寝かせます。私自身も疲れをとるために、子どもを待っている間、車の中でお昼寝をすることもありました。

一番やっかいだったのは、長男と次男でお昼寝の時間差があるときです。一人が寝ているとき一人は起きていて、一人が起きてから一人が寝はじめると、「いつも二人で一緒」の生活リズムがバラバラになってしまうからです。

特にスイミングや幼児教室の習いごとのあとなど、兄弟の体力の差のせいでお昼寝時間がずれそうなイヤな予感がしたときは、二人とも車に乗せて木陰に車を停めて、私も一緒に三人でお昼寝することもありました。

そうすると親子三人とも同時にリセットされ、家に帰ってからすぐに子どもたちは勉強にとりかかることができますし、私も機嫌よく家事をすることができました。

子どもにとっても睡眠は欠かせませんが、母親にとっても欠かせません。

子育ては時間のやりくりも大事ですが、体力も大事です。特に、離婚の前後は、心配ごとや不安が多く、すぐにマイナス思考になりがちだったので、寝ることで気分を切り替えるのが習慣になっていました。

やはり気力、体力ともに元気がないと、子どもたちに対しても明るい笑顔のお母さんではいられません。そのためにも、**睡眠時間だけはたっぷりとるように心がけた**のです。

ひとつだけ後悔しているのは、離婚協議の間、子どもたちが寝たあとに資料やレジュメの準備をしていたため、すぐに寝てくれないときにイライラして叱ってしまったことです。

ベッドに入っても兄弟でふざけあって、いつまでたっても寝なかったときは、玄関先に立たせたこともありました。

息子たちもそのことはよく覚えているようで、「お母さんは、僕たちが寝ないと怖くなる」と思うようになったと、あとになって話してくれました。
そのことは本当に申し訳なかったと思っています。

POINT

疲れているようなら、10分でもいいから昼寝させる

生活のしつけ

小1で「レンジでチン」を教える

我が家では、小1から携帯電話を持たせました。当時はまだガラケーが主流だったので、子ども用の位置確認ができるGPS機能付きのガラケーです。

私は、便利なものは上手に活用したほうがいいという考えです。今は、小学生でもスマホを持っている時代ですが、私の息子たちは中学時代も大人用のガラケーで不自由しなかったようで、高校生になって部活でラインを使う必要があると言われたときにようやくスマホを買い与えました。

親子でスマホを使っていると、グループラインで連絡をとりあえますし、音声データやファイルなど、勉強に役立つ情報も共有できるので、とても便利です。

いま子どもたちが小学生だったら、普通にスマホを使わせていたと思います。

下の子が1年生のときまでは、夫婦関係がゴタゴタしていたもののまだ別居はしておらず、私は専業主婦だったのですが、離婚することは考えはじめていました。

夫と別れれば当然、私も働きに出なければならないので、**子どもたちも自分のことは自分でできるように、できることから教えていきました。**

自宅の鍵も小1から持たせて、私がいなくても学校から帰ってきたら、着替えて、宿題をすませて、おやつを食べてと、自分でできることはどんどんやらせました。

男の子はとにかくお腹が空く生き物です。お菓子や果物ではものたりないこともあるので、夕方から習いごとに行くときなどは、お腹にたまるものをレンジでチンして自分で食べられるように、電子レンジの使い方も小1で教えました。

ただ、プラスチック容器のままだと味気ないですし、まだ小さいと袋を上手にあけることができないので、お皿に出した冷凍パスタにサランラップをして出しておきました。

そうすると、ママがちゃんと準備したおやつだと思ってくれて、自分たちで温めて食べてくれるのです。たとえ冷凍パスタでも、ちょっとしたひと手間で、お母さんの気持ちが伝わります。学校から帰宅する時間に私が家にいないときは、そのような工夫で電子レンジにだいぶ助けられました。

シングルになると、子どもも親に頼ってばかりはいられなくなります。**家のことも自分のことも、できるだけ早く覚えさせて、いざというときに困らないようにしておくと、親も楽になりますし、子どもの自立にもつながります。**

POINT

冷凍パスタでも愛情は伝わる。親も少しは楽を

生活のしつけ

挨拶やマナーのしつけは徹底的に

シングルの子どもは、何か問題があるとすぐに「一人親だから」と思われがちです。たとえば、挨拶や礼儀など人として基本のことができなかったり、常識やマナーを知らなかったりすると、「ひとり親だからしつけができてない」と言われかねません。そのため、離婚する前からしつけはちゃんとしていましたが、離婚してからよりいっそう意識するようになりました。

大人になると、挨拶ができない人、食事のマナーを知らない人は、悪い意味でとても目立ちます。食べ方が汚いとそれだけでマイナス、場合によっては信用を失うこともあるでしょう。しかし、直接言えば本人を傷つけてしまいますから、わざわざ身内でもない人のことを注意したり、間違いを正してくれる人はいません。

ですから、幼児期から子どもに教えてきた挨拶や食事の仕方が教えたとおりにできないときは、小学生時代になってからもしつこく注意しました。

私が特にこだわっていたのは、**食事は「いただきます」「ごちそうさま」を必ず言って、マナーを守りきれいに食べること、人に会ったら必ず挨拶をすること、人に迷惑をかけないこと、嘘をつかないことの４つ**です。

食事のときに「いただきます」「ごちそうさま」を言わなかったら、「ごあいさつは？」と必ず言わせていました。最初は、言わされ感があったと思いますが、どちらも感謝の言葉です。

食材や料理を作ってくれた人に対する、感謝の気持ちを表している挨拶だと教えると、自然と口にするようになりました。

挨拶はコミュニケーションの基本です。本当は、礼に始まり礼に終わる、柔道や剣道などの武道をやらせたかったのですが、二人ともサッカーが好きだったのです。

そのかわりに、「おはようございます」「こんにちは」「ありがとうございます」「失礼します」など、基本的な挨拶を忘れてはいけないことを言い続けました。

人に迷惑をかけないことも、ことあるごとに意識させました。遅刻はもちろん厳禁です。

公共の場で騒ぐのもよくありません。

それは私自身も意識していたことなので、たとえば、電車に乗っているときに兄弟で騒いだりしないように、座れるときは迷路ドリルの「なぞぺー」シリーズ（草思社）や「シールブック」シリーズ（学研プラス）でシール貼りをやらせていました。

嘘をつくのも、もちろん悪いことです。「子どもだからまあいいや」と甘やかさずに、悪いことは悪いと教えました。

母親が口うるさく言うと、子どもはうるさがります。「うん」と小さな声で生返事することもあれば、何も言わず無視することもありました。そういうときは、「聞こえた？」と必ず確認しました。

将来、社会人として自立するためには、人として最低限守らなければいけないことがたくさんあります。

挨拶やマナーや、人としてやってはいけないことは、親子の会話のなかでも最優先しましたので、本人たちがちゃんとわかってくれたと思える反応があるまで、声をかけ続けました。

大学生となった今、息子たちを見ていると、どこに出しても恥ずかしくないくらいには礼儀をわきまえた人間に育ってくれました。

どんなに子どもにうざったいと思われても、基本的なしつけは絶対に怠らないことが本人のためになるのです。

POINT

マナーが悪いと、それだけで大損

勉強のしつけ

テレビゲームはさせてOK。ただし必ず時間制限付きで

ゲームはやらせてもいいけれど、やらせ方が難しい。そう思っている方は多いと思います。私も、クリスマスや誕生日のプレゼントでゲームソフトがほしいと言われたら、何の迷いもなく買い与えていました。子どもが好きなことなら、何でもやらせてみようと思ったからです。

ところが実際、子どもがゲームをはじめてびっくりしました。いきなりのめり込み過ぎて、私が止めなければ永遠にやり続けているからです。「これはマズい」と思い、すぐに**時間制限を決めて、明るいところでやるようにルールを決めました。**

一方で、ゲームがあることのメリットもありました。

勉強が終わってからゲームできることになっていたので、家庭学習の集中力がアッ

プしたのです。一時期は、お楽しみのゲームをするために、勉強をがんばっていたこともありました。

ただやはり、ゲームは中毒性があります。止めるタイミングのキリが悪いと、はっと気がついたときは制限時間をかなり過ぎていることもよくありました。

そういうときは、親子でバトルになったこともあります。

兄弟のうちどちらかが約束を守らないと、もう片方が「もうやめろよ！」と注意していることもありました。

それでも、どうしても約束を守らなかったときは、ゲームを取り上げて、電源をバチッと切ったこともあります。そうすると、今までがんばってクリアしてきたものがすべてゼロリセットされるらしく、ガッカリ肩を落としていました。

でも、悪いのは約束を守らなかった自分です。次からは同じ失敗を繰り返さないように、自制するようになりました。

そのうち、ゲームをクリアしていき盛り上がっているときに制限時間がきて途中で止めるのがつまらなくなったようで、少しずつゲームから離れていきました。
私も、ゲームの画面ばかり見て目が悪くなるのが心配だったので、**「今日は面白いテレビがあるから一緒に観よう」「話題の映画のビデオ借りてきたよ」**など他の**ことに気をそらすように仕向けました。**

子どもとゲームの付き合い方は、親も本気になって関わらないとコントロールできなくなります。制限時間を決めるのも大事ですが、親が見ていないところで暇さえあればゲームばかりしていると手に負えなくなります。
私のように、**いざとなったら強硬手段に出て、本気で子どもをゲームから遠ざける勇気と行動力も必要**だと思います。

POINT

ゲームをうまく利用して、家庭学習の集中力アップ

教育方針

ニュースは良き教材であり、良きコミュニケーションツール

誰でもスマホを持つ時代になってから、家族や友人といるときでさえも、スマホに夢中になって会話しない人たちをよく見かけるようになりました。

でも私は、子どもと話すのが好きですし、親子の会話がなくなるほど悲しく寂しいことはないと思っているので、子どもが小さい頃からよく話をしていました。

話す内容はいろいろありますが、毎日学校であったことを聞いてもそっけない返事しかありません。そのため、テレビドラマもニュース番組もアニメも親子で観てよく話題にしていました。

お気に入りのニュース番組は、ＮＨＫの「ニュース７」です。テレビを観ながら食事をするのは行儀が悪いという家庭もありますが、我が家は少しでも時間を効率的に

使うため、夕食を食べながら、録画をしておいた「ニュース7」を一緒に観ていました。そして、気になる話題があればお互い言いたいことを言って、意見交換していました。

ニュース番組は、政治、経済、事件からエンターテイメントまで、その日あった出来事をわかりやすく紹介してくれます。中学受験の時期は、社会の時事問題の参考にもなりました。

毎日、平凡な暮らしをしている私たち家族にとっては、殺人や戦争など、衝撃的で悲しいニュースもたくさんあります。

しかしそれも社会の現実。世界で、自分たちが住んでいる国で、今何が起きているのかを知るのは大切なことです。

10代の悲しい事件が起きると、「なぜこういうことが起きてしまったんだろう？」と考えるきっかけにもなります。

話題の映画や本の話や、スポーツの世界でがんばっている人の姿など、親子の会話にピッタリの話題も多いので、「ニュース7」は今も我が家のお気に入りの番組です。

反対に、**子どもたちが好きなアニメや漫画は、私も観たり読んだりして感想を言い合っていました。**意外にも、アニメや漫画の登場人物のセリフは、心に刺さるものもあるのです。

息子たちが小学生の頃は、ドラゴンボールが好きだったので、私も観ていました。昼間は時間がなかったので、子どもが観るときに録画しておいて、子どもが寝静まったあとに一人で観ていました。

ドラゴンボールを観るようになったきっかけは、赤ちゃんの孫悟空があまりにもかわいくて成長を見届けたかったから。それとやっぱり、子どもと仲間意識を持ちたかったからです。第1章にも書きましたが、楽しいことは家族で共有して、息子たちと会話したいという思いがありました。

それは今も続いていて、時事問題からエンターテイメントまで、気になることは何でも子どもたちに話して意見を聞いたりしています。

男の子との会話は、親が意識的に働きかけなければ、成長とともに減る一方です。反抗期になると口をきいてもくれません。

それだけに、小学生の間の可愛い時期にたくさんおしゃべりしていて本当によかったと思います。

子どもの頃から、お母さんと話すことを楽しめる習慣が身についていると、反抗期が過ぎたあともまた話し相手をしてくれるようになります。

POINT

親子それぞれの「興味」を交換しよう

小3から土日の家庭学習をプラスする

小学校に入ったときから、中学受験を視野に入れていた我が家では、小3から少しずつ勉強量を増やしていきました。

といっても、平日は学校や習いごとがあるので、それまで続けていたことをやるだけでいっぱいいっぱいです。

そこで**土日の時間があるときに、家庭学習でやる教材をプラス**しました。

毎週、取り組んでいたのは、次の課題です。

《小学3年生》

●「ピグマ」シリーズ（学習塾サピックスの通信教育）の算数と国語

●問題集『ハイレベ100』（奨学社）の算数と国語

●問題集『最レベ』（奨学社）の算数と国語

《小学4年生》

●参考書『自由自在』（増進堂・受験研究社）の算数・国語・理科・社会

どちらも、ワンランク上の良質な問題が多かったため、考えて解く問題に慣れさせて、思考力を高めるために4年生まで続けさせました。

子どもも、難問にチャレンジするとはりきっていたので、難しい問題を見ても動じなくなる効果もあったように思います。

POINT

あえて難問に挑ませ、思考力を育くむ

健康管理

習いごとで受験に勝つ体力づくりを

成長期の子どもにはスポーツをさせて、健康な体力と精神力を育んでほしい。楽器もひとつくらいは弾けるようになってほしい。とにかく賢くなってほしい……。可愛い我が子のためを思って、あれもこれもと習いごとをさせている親御さんは多いのではないでしょうか。

私も専業主婦時代は、子どもにいくつかの習いごとをさせていました。長男も次男も年少から週1のスイミング、小1から小4までは週1でサッカーを。

長男は年中から小3まで週1回のレゴブロック教室と、年中から小4まで週1回ピアノも続けていましたが、小4のときに別居したため、経済的、精神的な理由でスイミングとサッカー以外の習いごとはやめました。

二人とも、小4まで公文式も続けていたので、勉強と習いごとだけで慌ただしい日々です。公文は、少し遠くても信頼できる先生がいる教室まで車で送り迎えしていたので、週2回の通塾を1回に減らしてもらって負担を減らし、そのぶん宿題プリントを多めにもらうようにしていました。

習いごとも、本人が疲れない程度に楽しく続けることが大事です。大人でもそうですが、「○○しなければならない」と思うと気が重くなります。

スイミングは、4泳法で泳げるようになるのが目標だったので、二人ともそこに向かってがんばっていましたが、サッカーは純粋に好きで楽しく続けていました。

近くに川崎フロンターレのメンバーが指導しているサッカー教室があったので、プロに教えてもらえることがやる気につながったようです。公文もそうですが、習いごとをはじめるときは教え方が上手な先生を選ぶことがとても大事です。

別居以降は、私も仕事を再開し、離婚協議のことにかかりきりだったので、子どもたちのサッカーの試合を見に行けなかったのは残念でした。

それでも、体力づくりができて、上下関係も学べて、いい気分転換にもなるので、塾通いがはじまるまで続けさせました。

基本的に、男の子はエネルギーを持て余しています。そのエネルギーを上手に発散するならやはり運動が一番。**頭を使って静かに勉強したあとは、思い切り体を動かして汗をかくと静と動のメリハリもつけられます。**

何より、受験勉強は体力と気力が勝負の闘いです。

サッカーとスイミングを続けてきた息子たちは風邪も引かなくなり、精神的にも鍛えられたので、私も送り迎えをがんばった甲斐《かい》がありました。

スポーツをしていなければ、ゲームにハマってどうしようもなくなった可能性もあったかもしれません。子どもの頃からインドア派になってしまうと、運動不足になりますし、社会性も身につきません。そういう意味でも、受験勉強をはじめるギリギリまで、勉強とスポーツを両立させたことは正解でした。

POINT

受験勉強は体力と気力の勝負

勉強のしつけ

小4までに中1の数学力を公文式で身につける

算数は、一にも二にも基礎力です。

特に計算力がなければ、中学受験の算数にも、大学受験の数学にも太刀打ちできません。

東大理科Ⅰ類に合格した息子たちも、「数学はやっぱり計算力だよ。計算力をもっと身につけておけばよかった」とずっと言い続けています。

そういう話を聞くと、中学受験の間も公文式をやめずに、あのままずっと続けさせてもよかったのかもしれない、と思うこともあります。

教育熱心な義理の母からすすめられた公文は、**小4までに小6のレベルを終わらせる**ように言われていました。

そのことを子どもが通っていた公文教室の先生に相談したところ、小4までに中1

の数学と国語まで終わっていると中学受験の算数がわかりやすくなる、中学の授業にもついていきやすくなる、とアドバイスいただきました。

そこで、子どもたちは、小4までに3学年先の中1の数学と国語を終わらせる進度で公文に取り組ませました。

教室に通っていたのは週1回だけでしたので、1週間分の宿題をいただいて家庭で進めます。進度が少しでも遅れた場合は、週1回の公文教室で、遅れを取り戻すまで残ってがんばっていました。

だんだん慣れてくると、1週間分の宿題を持ち帰ってきたあと、本人が自分で7日分にわけて、1日分の枚数は必ずやり終える習慣が身についていきました。

算数と国語の宿題を、それぞれ緑色と青色の横開きのファイルに閉じて持ち帰って、解き終わったものをまた提出する。

その繰り返しだったので、**やったぶんだけ積み上がっていくのが目で確認できたのも自信になった**と思います。

夏休みや冬休みの長期休みは、少しでも先に進めるため多めに宿題をもらいました。学校と習いごとがある平日は時間的な余裕がないので、長期休みに少しでもがんばって、目標の進度に近づけるように調整するのです。

長期休みの午前中は、午後から遊べるお楽しみが待っているぶん、集中しやすいので勉強もはかどります。夏休みも冬休みも寝坊することなく、早寝早起きのいつものリズムを守れば、家庭学習は午前中に大半をすませられます。

結果的に、二人とも小4で公文の中1の数学と国語まで終わらせることができたので、小4の夏期講習から塾に入って受験勉強をはじめてもスムーズに移行できました。**算数ができると何よりも自信がつきます。**算数に時間がかからないぶん、他の教科の勉強に時間を割くこともできて、勉強を効率的に進められるので、中学受験の勉強でつまずくことはまずありませんでした。

ですから、もしお子さんに公文をやらせるなら「小4で中1の数学と国語まで終わらせる」ことを目標に進めるといいでしょう。

参考までに、息子たちが小4までに進めたのは、長男は、中1数学の「2元連立方程式」、中1国語の「800文字程度の長文読解」まで。次男は、中1数学の「1元1次方程式」、中1国語の「1200文字程度の長文読解」まででした。ひとつの参考にしていただければ幸いです。

POINT

計算力が高まれば、他教科の勉強も効率的に進む

第5章

中学受験対策

環境づくり

中学以降、子どもが決定的な影響を受けるのは「友だち」

長男が小6、次男が小4のときに離婚が成立したため、経済的な不安は尽きませんでしたが、二人とも国立か私立の中高一貫校に入れたいという思いは変わりませんでした。

中学受験のための塾代や模試の受験料、問題集の費用もばかになりません。私立小に通わせながら受験させるとなると、他の部分でかなりの節約を強いられることも目に見えていました。

それでも**中高一貫校にこだわったのは、小学生時代にがんばって才能を伸ばしてきた息子たちに、同じように受験を戦い抜いてきた仲間と一緒に学べる教育環境を与えたかったから**です。

区役所の生活保護課での非常勤を通して、学力の有無が人生における選択肢の広さにつながるという現実を目の当たりにしたことも、レベルの高い教育環境を望む気持ちに拍車をかけました。

「学力」＝「基礎学力」×「勉強の質」×「勉強時間」の結果で身につくものだと私は思っています。この3つの要素のうち、基礎学力の土台は幼少期から小学校時代にかけてだいぶ固めることができました。

中学高校時代、その土台を活かしてさらに高い学力を身につけるためには、「勉強の質」を上げるために、質の高い先生に質の高い授業を受けられる環境が必要だと思うのです。

また、中高一貫校に入ると高校受験がなくなるため、高2までは勉強と部活を両立しながら、交友関係を深めることができます。

私もそうですが、特に高校の青春時代を一緒に過ごした仲間とは絆《きずな》が深まり、生涯の友となる可能性も高くなります。

そう考えると、学力的に同程度レベルの仲間たちと切磋《せっさ》琢磨《たくま》したほうが、より豊かな人間関係を育めると思うのです。

仮に公立中学校に進学して高校受験するとなっても、働いているシングルマザーにできることは限られます。

中学受験のときでさえ、受験情報を細かくチェックする時間もなく勉強も充分にみてあげられなかった私は、高校受験の勉強となると完全にお手上げです。

それだけ本人任せの受験になるわけですが、中学生になると反抗期がきます。親のいうことを聞かなくなって、勉強にもやる気がなくなったら最後、手の打ちようがなくなるという不安もありました。


実際、息子たちが中高一貫校の私立栄光学園（神奈川県鎌倉市）に通いはじめてから実感したのは、**中学生以降の子どもにとって一番大切なのは親より友だちや先生の存在**だということです。

息子たちは見事に中学生で反抗期がきて、私の言うことに耳を傾けない時期がありましたが、友だちや先生の影響は受けていました。

親から見えないところで、子どもは子どもの世界を生きるようになるのです。

その世界にもし、悪い影響を与える友だちがいたら？　母子家庭であることが原因で何かトラブルに巻き込まれたら？　と考えはじめると心配は尽きません。

その点、受験という壁を乗り越えてきた、意欲の高い子どもたちが集まる私立の中高一貫校は安心感が違います。

そう考えると、やはり無理をしてでも、特にシングルの子どもこそ中高一貫校に通わせたことはよい選択だったと思っています。

実際、息子たちが6年間、栄光学園に通った経験をふまえて、私はそう実感しています。

POINT

高い学力は、友だちとの切磋琢磨《せっさたくま》があってこそ

環境づくり

親が勉強を教える必要はない

小学受験は「親の受験」。中学受験は「親子の受験」。大学受験は「本人の受験」。昔から、こう言われているのをご存じの方もいると思います。このなかで、小学受験と大学受験は、「親」か「本人」かの一択なので、勘違いすることはありません。しかし、中学受験は「親子の受験」の意味は、誤解されやすいように思います。

中学受験の塾選びや志望校選びなど、基本的に情報収集して検討するのは親の役目です。

しかし、**受験勉強をするのは本人**です。親が代わりに入試試験を受けることはできません。

つまり、親がいくら勉強内容を理解して傾向と対策を考えたところで、本人が学んだことを理解して本番で実力を発揮できなければ、ただプレッシャーを与えるだけで終わってしまうこともあるのです。

もちろん、指導力のある親が先生がわりになって、子どもに勉強を教えている家庭もたくさんあるでしょう。それが子どもの学力向上に役立っていれば、まさに親子二人三脚の勉強方法で悪いことではないと思います。

ただ、残念ながら私は小5くらいから子どもたちの勉強にはついていけなくなり、子どもからも、「お母さんは頼りにならない」と思われていました。

そのため、勉強をほとんどみないかわりに、**健康管理とスケジュール管理、プリントの整理などでサポート**していました。

たとえば、塾に行く前に、脳のエネルギーになるバナナやおにぎりを食べさせて空腹のまま勉強をさせない。睡眠はしっかりとらせる。塾のカリキュラムやスケジュールを把握して、子どもと共有しながら常に確認する。宿題の丸つけを手伝う。教科ごとにプリントをファイリングする、といったことです。

特に6年生になると、塾の勉強と過去問を解くだけでいっぱいいっぱいになるので、それ以外のことにはなるべく頭を使わなくてすむようにしました。

机の上も、プリントや試験問題は教科ごとにわけて、ファイルですぐに取り出しやすく整理して広く空けておくと、すぐに勉強にとりかかれます。

私には、その程度のことしかできませんでしたが、結果的には、それが本人のやる気につながったようです。

経済的に大手塾には通えない、志望校対策などのオプション授業も受けられない、家庭教師もつけられない、親も勉強を教えられない、となると自分でがんばるしかありませんから。

長男は性格的に真面目で完ぺき主義なので、やるべきことをすべてやり終えるまで、コツコツと地道に勉強していました。

一方、次男は要領がよく勘もいいので、問題を飛ばし飛ばしやってみたり、やったフリをして適当に進めてしまいます。わかった気になってハッタリで問題を解いていることも多かったのですが、間違えた問題の復習は手を抜かず自分でやっていたので、それがよかったのかもしれません。

今になって、その当時の状況を次男に尋ねると、「途中式を書く作業が面倒だった。

書かなくても答えが先にわかるから」ということで、必要ないと思うことは省《はぶ》きたがる傾向にあったようです。

兄弟、見事に対照的な勉強法でしたが、最後は二人とも同じ栄光学園（神奈川県鎌倉市）に合格したのです。この経験から、親は自分のやり方を子どもに押しつけたり、あれこれ口出しするのではなく、その子に合った勉強方法を尊重して、上手にサポートすることが大事なのだと思いました。

主役は子どもで、親は脇役なのです。親は子どもが勉強に集中できるようにサポートに徹する。これが、「親子の受験」の本当の意味なのです。

POINT

「中学受験は親子の受験」を勘違いしてはいけない

塾選びの基準は「子どもが疲れない」

中学受験塾を選ぶ条件はいろいろあります。規模の大きさ、合格実績、授業料など優先事項は家庭によって異なるかもしれませんが、**我が家が最優先したのは自宅からの近さと授業料の安さ**でした。

自宅から近い塾にこだわったのは、私が働いていて送迎ができなかったのと、移動時間のムダを減らして少しでも子どものスケジュールに余裕を持たせたかったからです。電車やバスでの移動時間が増えると、それだけ食事や睡眠の時間にしわ寄せがきます。人混みの中を移動すると本人の疲れも増すので、いいことは何もありません。

それよりも、塾が終わったらパッと帰って、サッとお風呂に入り、30分後には夕食を食べられる。そんな生活リズムのほうが本人の負担も少なく効率的です。

受験は本番まで長期戦になるので、なるべく子どもを疲れさせない工夫をするのも、親にできる大事なことです。

また、授業料が良心的で、できれば支払い方法についても相談できるところがいいと思っていました。

この2つの条件を満たしたのが、シグマ進学教室（神奈川県川崎市）でした。

この塾は、子どもが徒歩や自転車で通える場所にあり、個人塾なので塾長が授業料の支払いについても相談に乗ってくださいました。

別居した後からの通塾で、経済的にギリギリの状況だったので、通常の授業料と夏期・冬期の授業料もすべて含めて、毎月定額の月謝制にしてもらったのです。

大手塾ではこのような個別対応はしてもらえないと思います。

近さと授業料のほかに、塾長の教育方針にも共感するところが多くありました。その一部を、塾長のブログから抜粋して紹介します。

●受験勉強への離陸は、あきれるほど慎重に、かつ丁寧に行うのがいいと思います。

勉強時間は1日1回30分ぐらいに設定する（1日2回もできれば十分）
●子どもが少しでもやったことを、きちんと見てあげる（孤独感からの解放）
●子どもが問題を解いて、解答までたどりついた道筋を聞く（思考力の形成）
●子どもがまちがったところは、まちがいに気づかせてあげる（常識の形成）
●子どもの勉強のペースメーカーとして親がいることを意識する（安心感）
●小学生の勉強は、親と一緒に安心感をもってはじめ、徐々に「勉強はひとりでするもの」という自立意識へ変わっていくようにもっていきましょう

このような教育方針を持つ塾なら、子どもを潰すことなく正しい指導をしてくれるだろうと思いお任せしました。ハーク幼児教室もそうでしたが、**その塾の責任者の教育方針に共感できるかどうかも、とても大事なチェックポイント**です。

POINT

受験までは長期戦。
負担になるような塾通いは禁物

教育方針

成績が落ちたとしても、安易に転塾しない

「この先生ならきっと間違いないだろう。安心して子どもたちを任せられる」

そう判断して自分が選んだ塾は、簡単に批判したり否定しないことです。実際に通っているのは子どもですから、その塾を親に批判されると、子どものモチベーションを下げることにもつながります。また、どんなに評判のいい他塾の情報が耳に入ってきても振り回されずに、自分が選んだ塾を信じていれば、子どもも「お母さんが選んでくれたこの塾で、目標を達成できるはずだ！」と自信を持てます。

子どもを転塾させて、先生やクラスメイトがガラッと変わる慣れない環境で勉強を再スタートさせると、それだけで本人の精神的な負担が増えます。

5、6年生の勉強はただでさえ覚えることも多く勉強量も増えるので、その他の余計なことで不安や心配事を増やすのはマイナスにしかなりません。

どこの塾に行っても、成績の波はあります。塾の先生はひとりひとりの子どもの才能を劇的に伸ばす魔法使いではありません。

一番、努力しなければいけないのは本人で、その**本人のやる気を引き出すのは親の役目**です。基礎力を固める。勉強に集中できる環境を与える。できたときは応援して励まして自信を持たせる。もちろん、温かい食事を用意して、健康管理をして、安心感を与えてあげることも大切です。そうした親としてやるべきことを後回しにして、子どもの成績が上がらないことを塾や先生のせいにするのは責任転《てん》嫁《か》だと思うのです。

塾や先生をコロコロ変えて不安定な状況にしてしまうと、いくらがんばっている子どもでも本領を発揮できなくなるでしょう。

そういう意味でも、塾選びは非常に大切です。「この塾を信じて親子でがんばっていこう」と思えるところを、ぜひ見つけてほしいと思います。

POINT

塾選びは慎重に慎重を重ねて。
そして一度選んだら信じ切る

褒め方

そばで勉強させて、見守り、励ます

子どもの学習机は兄弟それぞれに買って2台ありましたが、ひとつは2段ベッドが置いてある子ども部屋に置いて、もうひとつはキッチンのすぐ横のリビングに置いていました。

リビングにある学習机で勉強するのは、受験を間近に控えている子どもです。シグマ進学教室の塾長も「子どもが少しでもやったことを、きちんと見てあげる」とおっしゃっているように、**少しでも孤独感から解放させるためにも、私から見える机で勉強させていました。**

と言っても、子どもにベッタリついて勉強を見るわけではありません。子どもの勉強机のそばにあるキッチンでお料理をしたり、お茶碗を洗いながら、様子を見るだけです。そして、本人が何か焦りを感じていたり、困っている様子がわかったときは、

「どうした？」と声をかけていました。

反対に本人が「ここまで終わった！」「やっとできたぁ」などと話しかけてきたら、「良かったね！」と、私も明るく返事をします。

そのように、私からはほとんど手も出さず、口も出さず、ただ目で見守るだけのリビング勉強が、長男も次男も安心できたようでよく集中していました。

子どもがそばで勉強していると、ついつい進み具合が気になって余計なことを言ってしまいそうになることもあります。

でももし、本人が今からやろうと思っていることを「もうやったの？」「あれは終わったの？」「できたの？」などと聞いたら、どんな気分になるでしょうか？

大人でも同じですが、**今からやろうとしていることを言われると、一気にやる気が失せてモチベーションが下がってしまいます。**

ところが、当時、ある知り合いのお母さんから、受験本番直前に勉強のことで子どもと大ゲンカをしてしまったという話を聞いたことがありました。

それがそのお子さんにとってどんなにつらく、大きなプレッシャーになったことかと思い、胸が痛くなったことを覚えています。

我が家の場合、塾のカリキュラムがとてもわかりやすかったため、本人に自己管理を任せることができたのも助かりました。

大手塾のなかには、膨大《ぼうだい》なプリントの山を渡すところもあるそうで、プリント整理だけで大変だという話を聞いたこともあります。

シングルマザーで働きながら子どもを受験させるとなると、我が家はそこまでの労力をかけることはできません。

そういう意味でも、やはり**最初に、「できることと、できないこと」を見極めて、無理をしない受験スタイルを決めることも、親子が余裕を持って受験を乗り越えるために必要なこと**だと思います。

POINT

近くでただ見守るだけ。口出しは逆効果

モチベーション

宿題が早く終わったら、余った時間は勉強から解放させる

中学受験の勉強で、**私が主に手伝っていたのは丸つけ**です。

6年生になると、塾で出された宿題を解いて、丸つけして、間違った問題の見直しと復習までやるのが日課でした。

でも、たかが丸つけ、されど丸つけ。誤字脱字から記述式の解答のチェックまで、細かく見ていくと、それなりに時間がかかります。

そこで少しでも子どもの時間を節約するため、夜の勉強が終わったあとに私が丸つけをして、子どもが朝起きたらすぐに復習できるように準備していました。

間違いがないときは、「今日は見直さなくていいよ」とすぐに教えてあげて、少しでも子どもの自由時間にあてるようにしました。

「せっかく時間を節約したのだから、他の勉強を少しでも進めたほうがいいのでは？」

と思う方もいるかもしれません。

けれども、子どもの集中力には限界があります。

わんこ蕎麦を食べるように次から次に勉強していると、疲れがたまるだけでむしろ効率が悪くなります。

上手に息抜きする時間を取り入れるためにも、**宿題が早く終わったときは達成感を味わえるようにして、少しでも好きなことをさせて気分転換させました。**

するとその日は、スッキリとした気分で勉強に取り組むことができます。


繰り返しになりますが、子どもの受験は、親がどっしりと構えてブレない心を持つことと同じくらい、子どもの精神的な安定を守ることも大切です。

心も体もまだ成長過程にある子どもの心の乱れは、自己コントロールすることが難しいものです。不安いっぱいで自信をなくしてしまったら、本番にもストレートに影響してしまうでしょう。


本人がどんなにテストの結果に一喜一憂《いっきいちゆう》したり、成績の波で気持ちがぐらついたとしても、親は信じて励ましてあげる。

そして、生活リズムのルーティンを守って、ときには頭を休ませる時間をつくって、上手に気分転換させてあげる。

私は常に、その心がけを忘れないようにしていました。

POINT

子どもの集中力は続かない。積極的に息抜きを

受験準備

受験本番までの2年間は、毎日を完全にルーティン化する

丸つけの負担を減らすのと同じ理由で、**時間の節約や効率化を図るため、子どもの勉強のスケジュール管理は私がサポート**しました。

ひとつだけ本人にお願いしたのは、学校や塾から配布されるお手紙や提出物を、当日中に私に渡すことです。書類関係は、後回しにすると忘れがちです。提出日を過ぎたあとに気がつくと、先生にお詫びする手間もかかってしまいます。

特に、長男の中学受験の頃は、離婚協議のまっただ中で、時間のやりくりが大変でした。そのなかで時間や手間のロスを出さないためにも、提出書類はうっかり忘れがないように、手渡されたらすぐに記入し、翌日に提出するぐらいの早め早めを心がけました。

小5を過ぎると、公開テストの模試の申込みや学校説明会など、親もやることが増えていきます。そこで、手帳はもちろん、携帯電話のカレンダー機能、TODOリスト機能、リマインダー機能などもフル活用して、雑用から願書の入手まで、ギリギリにならないように早めに対応するスケジュールを立てていました。

子どもの1日のスケジュールも、日によって流動的にならないように固定していました。

二人とも**受験勉強が本格的にはじまる小5～小6の2年間は、分刻みでスケジュールを立てていました**（158ページ参照）。

タイムスケジュールをルーティン化するメリットは、「次に何をしよう？」と考える必要がなくなることです。決まった時間になると体が自然と動いて次のことをやる、というくらいまで習慣化できれば、頭でいちいち考えなくていいので楽になります。

また、宿題を時間内に終わらせなければ、翌日に持ち越しになって、スケジュールがずれ込んでいくので、「決まった時間内で終わらせるぞ！」という集中力にもつながります。さらに、だらだらと勉強して、深夜まで起きて寝不足になることがないように、小5で9時間、小6でも8時間の睡眠時間を確保していました。

まだ10歳そこそこの子どもが、心身の不調を招くような受験だけはさせたくない。そういう思いが強かったので、子どもの健康を第一に考えたスケジュールであることを、本人たちもわかっていました。そのおかげで、文句も言わずに毎日やるべきことを淡々と進めてくれました。

POINT

タイムスケジュールは分単位で。徹底して習慣化

小学5・6年生時のタイムスケジュール

小学5年生（平日）

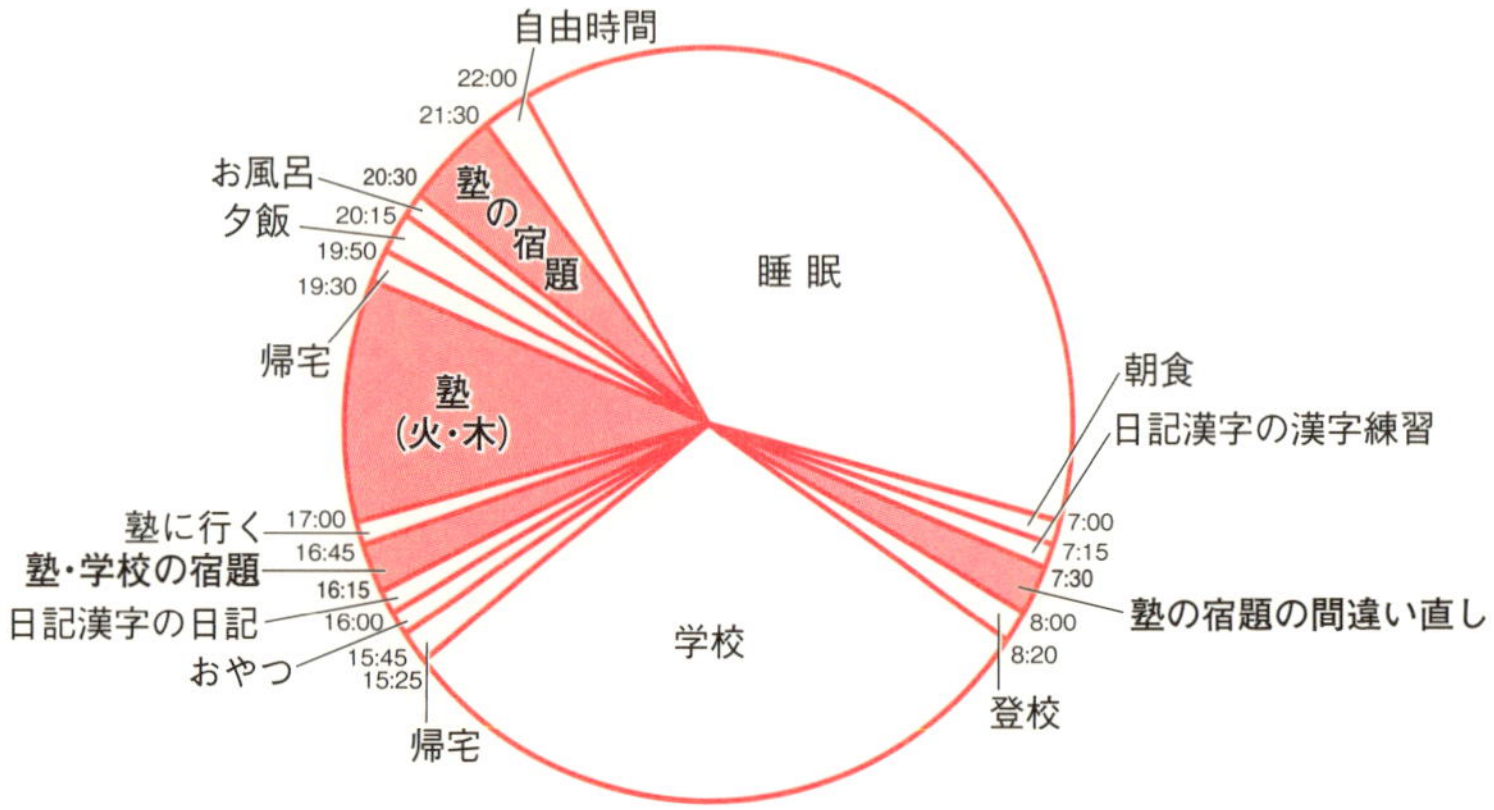

小学6年生（平日）

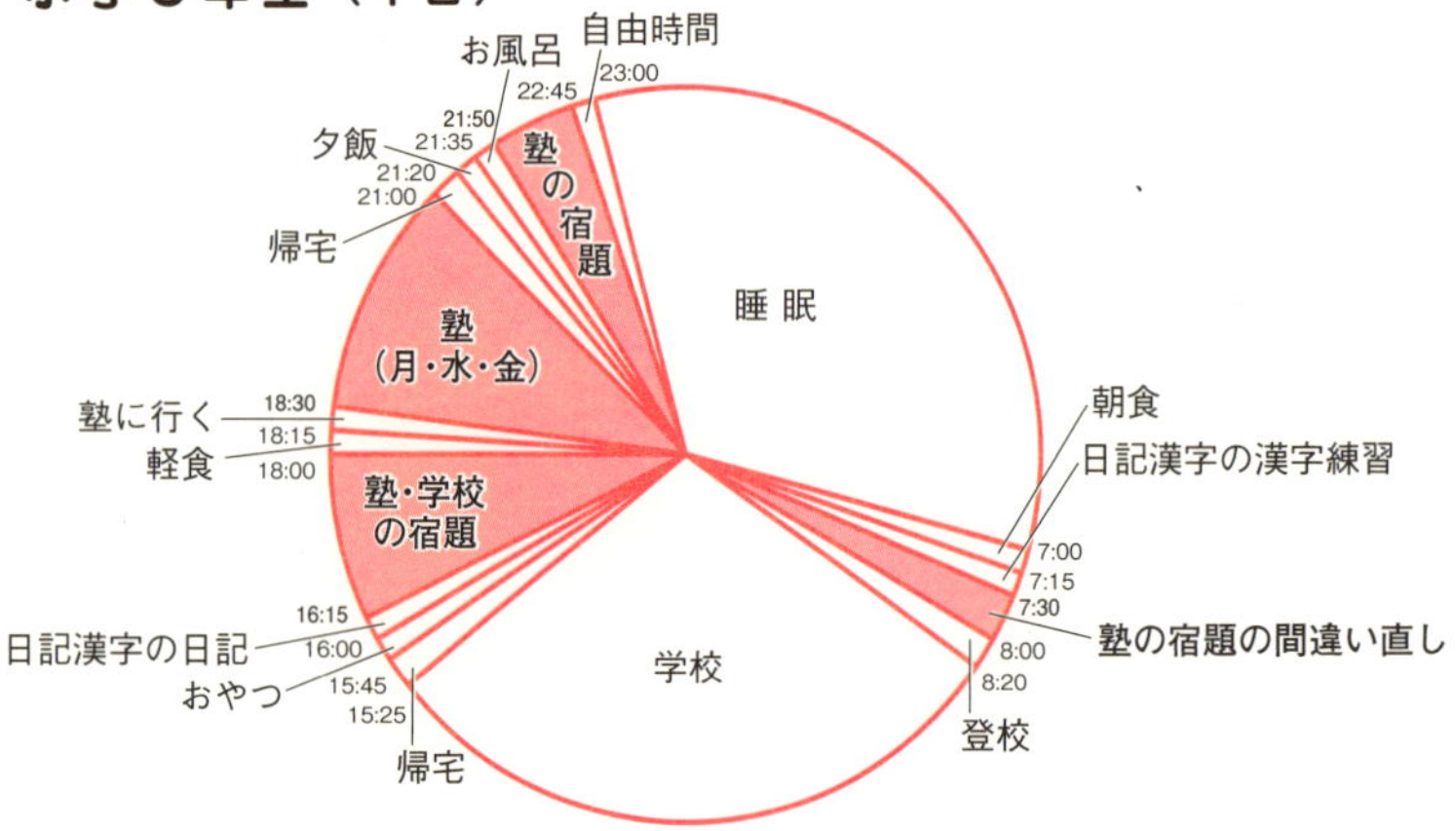

小学5年生（土曜）

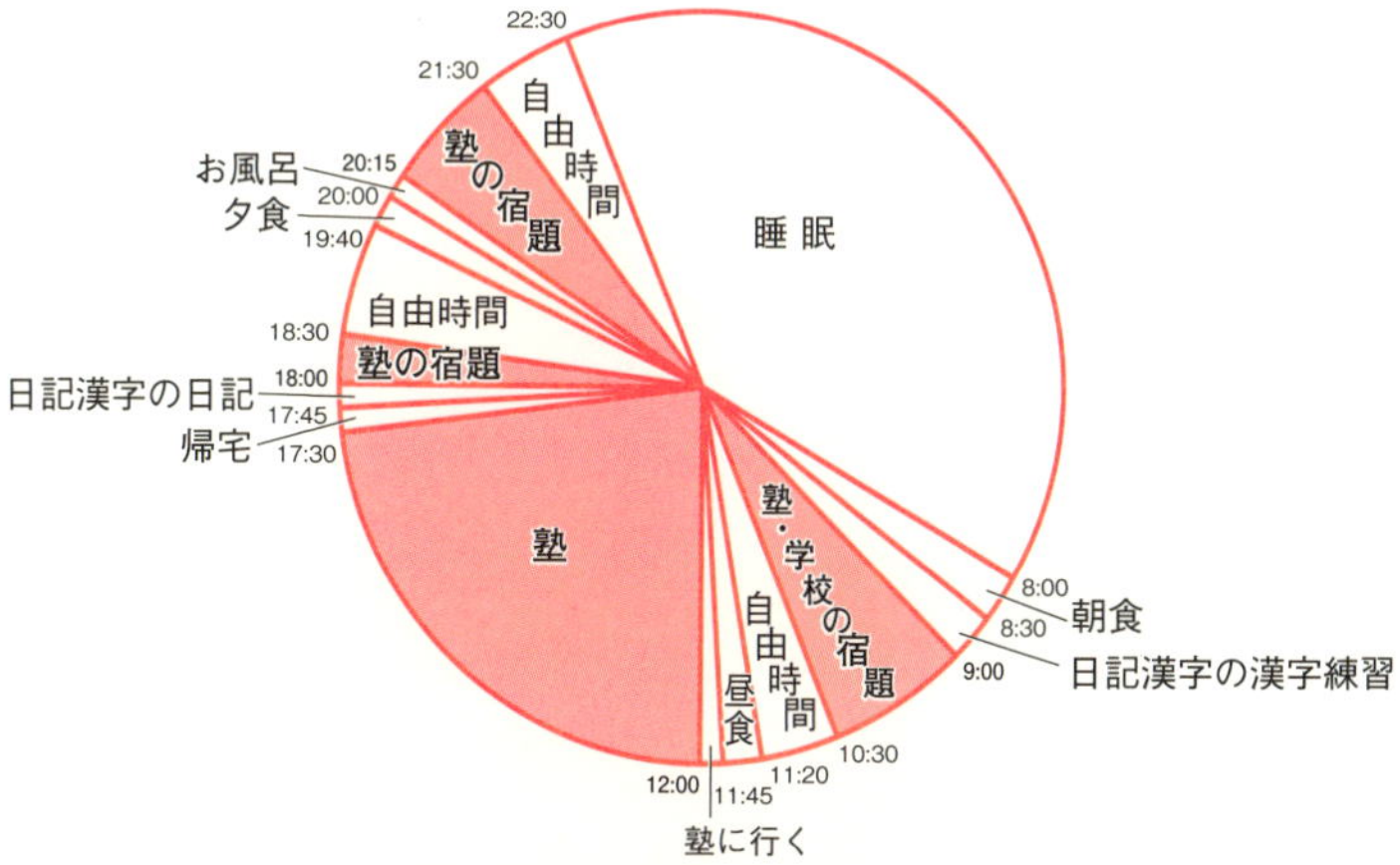

小学6年生（土曜）

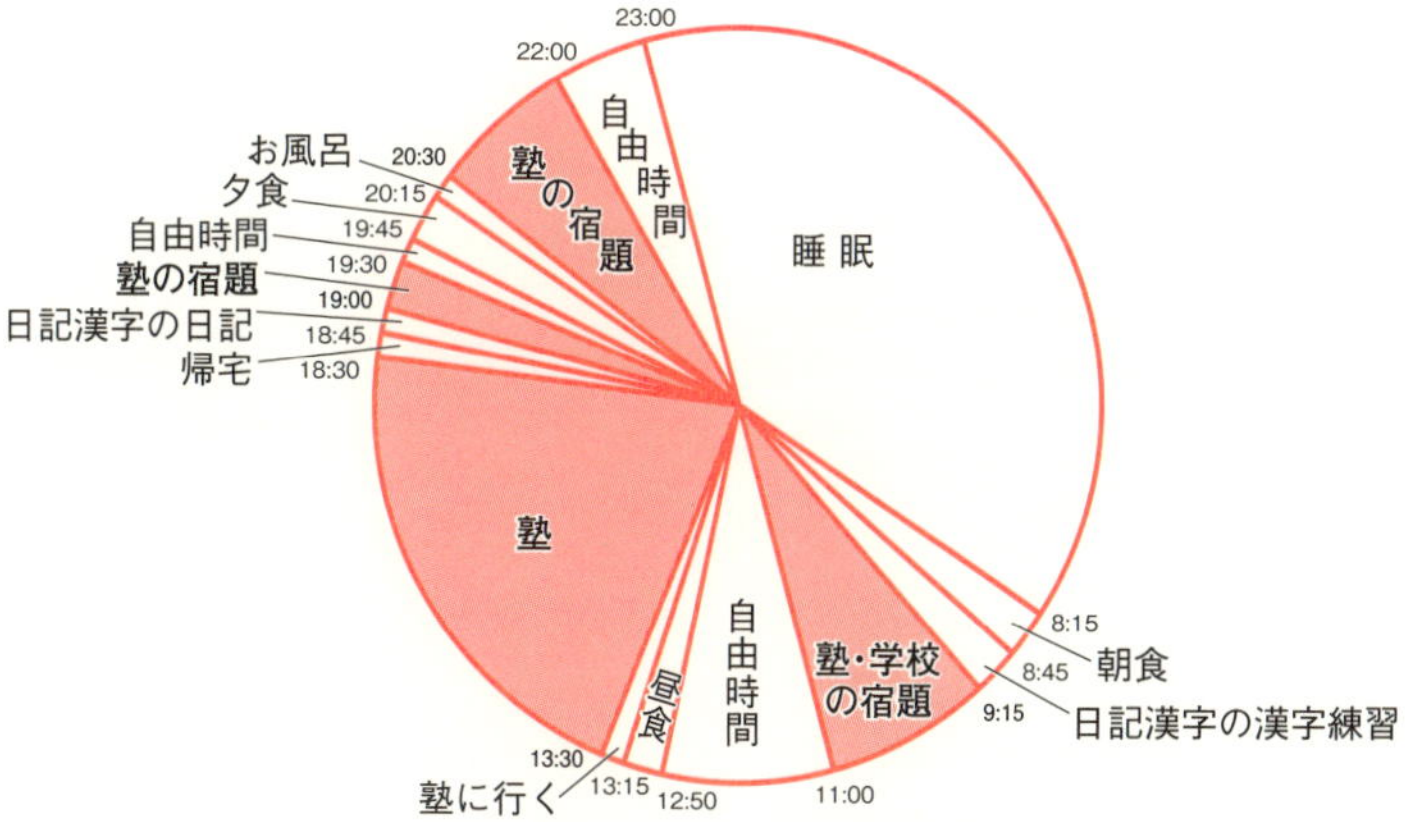

小学５年生（日・祝）

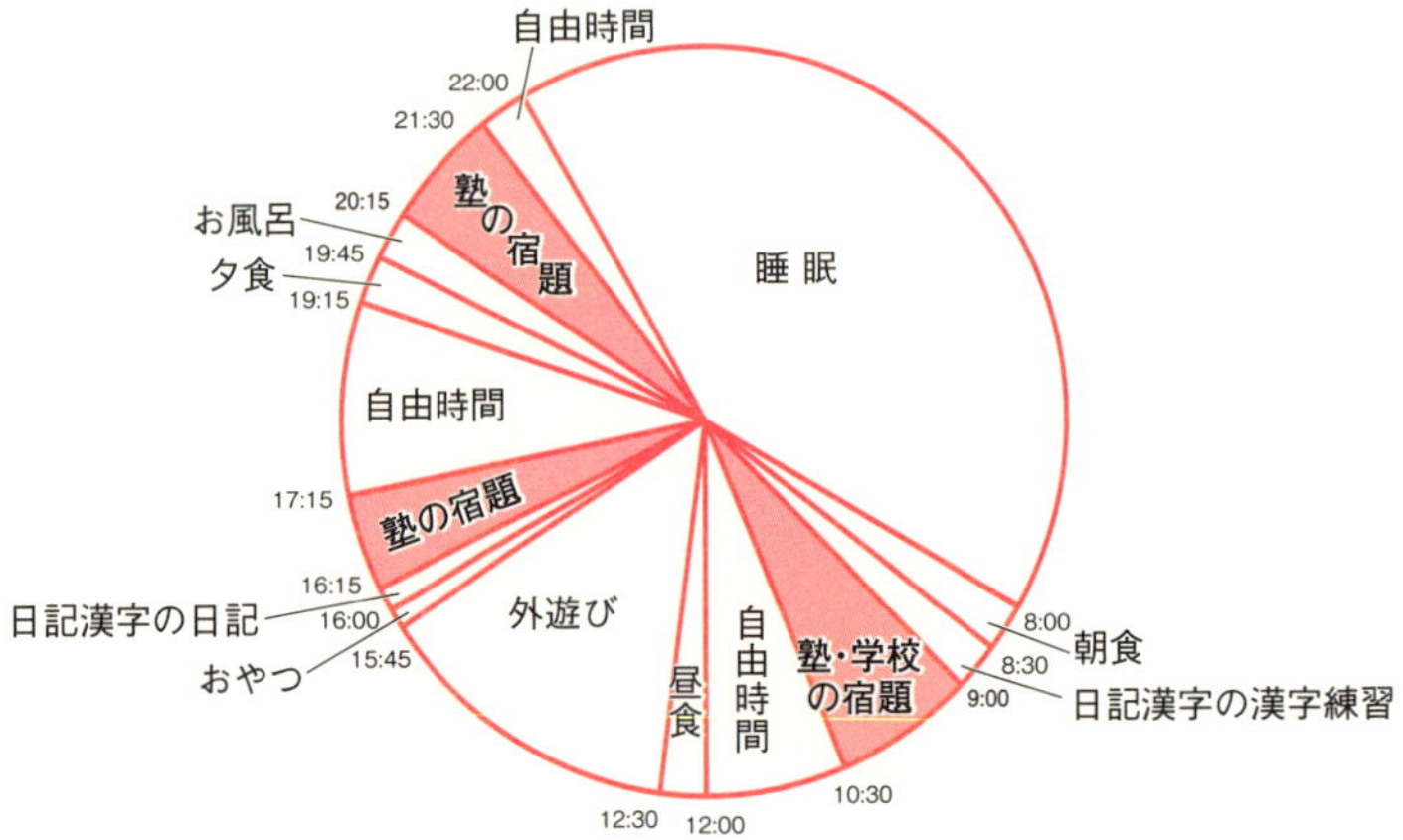

小学６年生（日・祝）

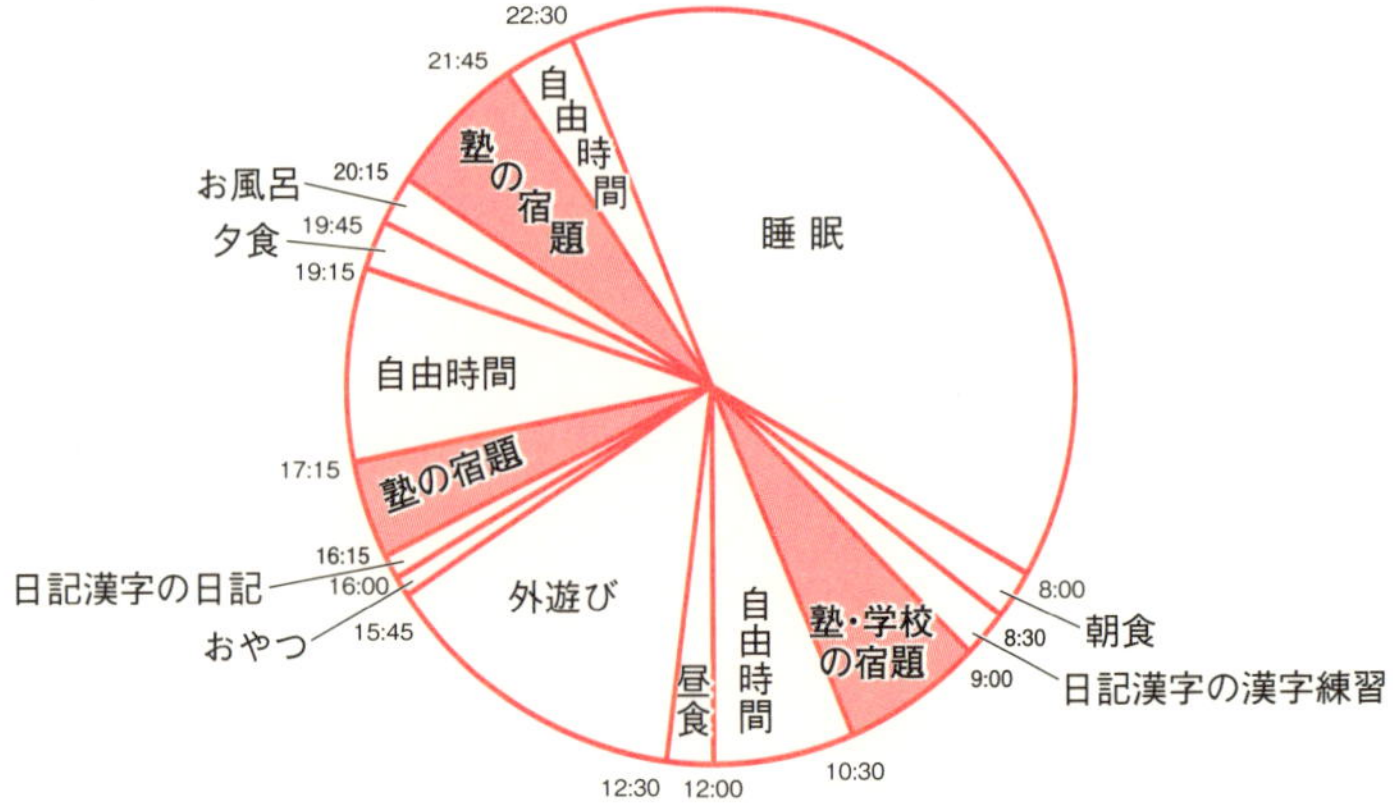

教育方針

中学受験をする意味は「いつかあなたの夢をかなえるため！」

洗足《せんぞく》学園小学校は、クラス全員が中学受験をする学校です。特に男子は、エスカレーター式で中学校に上がれないため、高学年になると学校の同級生も先生たちも、受験を視野に入れた勉強をする雰囲気が強まります。そのため、親がことさら何かを伝えなくても、中学受験はするものだというふうに本人たちは認識している様子でした。

子どもが小さい頃から、将来は人の役に立つ人間になるように伝えて、そのためには学力が必要だということを言い続けてきたのもよかったのだと思います。

夫と住んでいた頃は、「お父さんもおばあちゃんから勉強するように言われつづけてきたけど、がんばって勉強した結果が今の仕事に役立っているんだよ」と話してくれていました。

息子たちは、決して天才ではありません。教科書や参考書を一度読んだらすべて理解できるようなタイプではないので、人一倍努力が必要です。

けれども、「継続は力なり」というのはまさにその通りで、幼少期からサボらずに毎日コツコツ家庭学習に取り組んできた結果、中学受験の膨大《ぼうだい》で難解な勉強にも余裕を持って向き合うことができました。

それでもやはり目標がなければ、何のために勉強をがんばっているのかわからなくなります。そこで折に触れて、**「高い学力と受験を勝ち抜いた経験があれば、将来、やりたいことが見つかった時にその夢を実現できるよ」**と、息子たちには言い続けてきました。

私が新卒で入った企業でも、小学校からエスカレーター式の大学を出た人より、中学受験や大学受験を経験した人のほうが打たれ強い人が多かった印象があります。実際、そういう人はちょっと失敗しても、すぐに切りかえて努力していました。

社会に出たら大変なことは山ほどあります。自分の思い通りにいかないこともたくさんあるので、目の前の問題に立ち向かって乗り越えていく強いメンタルが求められます。そのため、**中学受験や大学受験を経験することで、強い精神力を身につけてほしい**という親心もありました。

結果、今のところ二人とも心身ともにたくましく育ってくれているので、二度の受験を経験させたことは間違いではなかったと実感しています。

POINT

受験勉強は、強いメンタルを養う絶好の機会

環境づくり

中学受験のラストスパートは親の出番

小6の夏休み頃から、志望校の過去問対策がはじまり、受験モードも一気に高まっていきます。そこで私は、**それまでのサポートに加えて過去問の準備もしました。**

志望校の過去問題集を購入したら、本番のテスト用紙サイズに拡大コピーをしておきます。子どもは決まった年数分、時間を計って解いていきます。

そのあとで、私が丸つけをして、わからなかった問題があれば、塾で質問して教えてもらう、という流れです。

ラストスパートになると、暗記教科にも力を入れはじめるので、同級生のお母さんの中には、子どもに付きっきりで社会や理科の暗記科目を読み聞かせて覚えさせている方もいました。そんな熱意あるお母さんの話を聞くたびに、「私はまだまだ全然ダメだ。そんなことまでするパワーがない」と不安になったこともあります。

ただ、長男は塾や学校で出された問題はすべてやり終えるという信念をもって勉強に取り組んでいましたし、すぐ人に聞かずに自分で熟考して解決するタイプだったので、その点は安心していました。

次男も成績は安定していて、「元気過ぎてうるさい」と注意されるほど楽しく通塾していたので、なんとかなるだろうと思っていました。小4の頃、苦手意識があった理科も、塾で繰り返し問題を解いて理解を定着させることで、ほぼ乗り越えられたと言っていました。

追い込みの時期になると宿題の量が増えるので、問題を選んで飛ばしながら解いていることはありましたが、勉強から逃げ出すことはありませんでした。

次男が得だったのは、わからない問題があれば、先に受験を経験した長男に聞けたことです。やさしく頼りがいのある兄の存在は、かなり心強かったと思います。

12月以降の**本番直前になると、母がやるべきことは子どもの体調管理といつも通りの生活、そして、できるだけ緊張させない雰囲気づくり**です。

試験の前日に、翌日の受験校の過去問を解いてはいましたが、問題傾向の確認のためです。あとは本番の試験に向けて体力を温存するように、当日まで食事と睡眠をしっかりとらせました。

当日、試験会場に向かう子どもにはお守りを持たせて、「平常心を忘れないで、自分の力を出し尽くしてね」と声をかけました。そして、「最初に全体の問題をざっと見て把握してから、問題をよく読むように」と言い加えました。

いずれにしても**最後は、校門まで見送り、握手をして、頭をなでて、「ガンバッテ!!」と笑顔で送り出しました。**

ただし、受験校をいくつか選んだ中で、学校情報をしっかりと確認せず、子どもの適性に合わない志望校も選んでしまったのは失敗でした。息子たちにはつらい思いをさせてしまったので、そこは大いに反省しています。

POINT

受験直前こそ「いつもどおり」を意識してすごす

受験準備

志望校は絶対にブランドで選んではいけない

シングルマザーは、当然ながら子どもの志望校もひとりで決めなければいけません。しかも私は中学受験を経験したことがなく、さらに女性ですから、都内の男子校の情報についてはほとんど無知と言っていい状態でした。

離婚のゴタゴタで時間的な余裕がなかったせいもあるのですが、いま振り返ると、子どもの適性に合う学校かどうか、もっと慎重に調べればよかったと反省しているところが大いにあります。

いざ受験がはじまってみると、不合格のダメージの大きさがどれほど子どもたちにショックを与えるか目の当たりにして、私のほうが泣きそうになりました。

今だから子どもたちにも白状できますが、私はブランドに弱いため、本人のレベルや適性よりも、知名度やレベルの高さで志望校を選んでいました。
二人とも、小6の5月に受けた四谷大塚全国統一テストの偏差値は、算数・国語とも65〜70程度だったので、強気になっていたところもあります。

長男が、小6の12月に受けた四谷大塚の志望校判定テストの合格率は、筑波大学附属駒場中学校（東京都世田谷区）が80％、栄光学園中学校（神奈川県鎌倉市）が92％、麻布中学校（東京都港区）が92％でした。
そこで、第1志望は経済的な理由もあって、国立の筑波大学附属駒場中学校を。第2志望は、多様性を受け入れてくれる自由な学校だと、周りから聞きかじって憧れた麻布中学校を。第3志望は、学校説明会で校長先生のお話にとても共感した栄光学園中学校を選びました。

しかし、あとでよくよく調べたら麻布中学校は文系の子に向いている学校とのこと。数学が得意な長男には試験内容が難しかったようで、不合格でした。塾でも学校でも、それなりの成績を収めていた子だったので、この結果は本人にとってショックが大きすぎました。

また、麻布中学校の試験はお弁当持参で、午前から午後まで試験がある長丁場。しかも翌日は、早朝8時15分から鎌倉市大船《おおふな》にある栄光学園中学校で試験です。前日の麻布中学校の入試で疲れさせてしまい、体調を崩すのではないかと気がかりでしたが、幸いなことに、無事に合格してくれました。

3日目は、本命の筑波大学附属駒場中学校の試験でしたが、こちらも偏差値的には合格圏内だったものの、ご縁をいただけず、本人にまた悔しい思いをさせてしまいました。

結果的に合格を頂いたのは、栄光学園中学校の一校だけでした。

この3日間で学んだことはただひとつ。

親の見栄やブランド志向で志望校を選んではいけない、ということです。本人ががんばってきた成果や達成感を得るのも、受験のひとつの目的ですから、1月に試験がある滑り止めの学校も受けて、自信を持たせてあげるべきでした。

いくら成績のよい子どもであっても、すべてチャレンジ校に近い学校を選択するのは無謀《むぼう》な判断で、明らかな失敗です。

それに、算数が一番得意な長男は、どう考えても麻布中学校より駒場東邦中学校（東京都世田谷区）向きです。なぜそんな選択ミスをしてしまったのだろうと、自己嫌悪におちいりました。

その反省をふまえて次男の志望校は慎重に選んだつもりでしたが、長男以上に次男はプレッシャーに弱い性格でした。

長男がいる栄光学園中学校には、自分も絶対に受からなきゃダメだと思い込んでいたようです。自分で自分にプレッシャーをかけてしまいました。

次男が、小6の12月時点で受けた四谷大塚の志望校判定テストでは、第1志望の筑波大附属駒場中学校が20％、第2志望の栄光学園中学校が70％、第3志望の駒場東邦中学校が70％の合格率でした。

次男の第1志望も筑波大附属駒場中学校にこだわったのは、やはり経済的な理由からです。

そしてはじまった本番。

第3志望ですが、翌日に合格発表が出される2月1日の駒場東邦中学校がまさかの不合格となり、翌日の栄光学園中学校の試験を終えたあとも本人は「自信ない」とすっかり泣きべそをかいていました。

その様子を見た塾の先生が、「今の精神状態で筑駒（筑波大附属駒場中学校）を受けても戦えないだろう」とおっしゃったので、3日は筑駒をあきらめて、併願していた浅野中学校（神奈川県横浜市）を受験させることにしたのです。

それでもダメだったときのことを考えて、4日の芝中学校（東京都港区）の2回目を出願しました。

さらには5日の攻玉社《こうぎょくしゃ》中学校（東京都品川区）の算数特別選抜クラスにも出願した方がよさそうだと思い、準備をしておきました。

結果的に、栄光学園中学校と浅野中学校に合格したので、滑り止めを受ける必要はありませんでしたが、何しろプレッシャーに弱い子です。私も、心臓が痛くなったあのときほど緊張したことはありません。

万が一、全落ちしたら公立中学でいいと覚悟は決めていました。それでも、私の志望校選択ミスで子どもたちの人生に取り返しのつかないことをしてしまったら……と思うと、今でも冷や汗が出ます。

シングルの場合、**働いていると時間的な余裕がなく、学校説明会に行ったり情報収集ができないこともあります。そのときはせめて、子どもの学力をよく知っている学校や塾の先生によく相談するなどして、志望校は慎重に選んだほうがいいと思います。**

POINT

第1志望受験のまえに、滑り止めで「合格」の自信を

第6章

中高生時の過ごさせ方

経済的余裕がなくても私立に通わせることはできる

二人とも綱渡りの受験だっただけに、栄光学園（神奈川県鎌倉市）にご縁をいただいたときは神様に感謝しました。ここは、学校説明会に行ったときに、自分とすごく波長が合うと感じた学校だったのです。

当時、離婚調停中だった私は、精神的にかなり不安定だったので、神にもすがりたい思いでした。そんな気持ちを抱えて、栄光学園がある大船《おおふな》駅まで向かいました。そして駅から続く坂道を歩いていった先にある開放的な校舎で、神父様でもある当時の校長先生の話をお聞きしました。

そのとき、私の中になんとなく光が射してくるような感覚を覚えたのは、私自身がこういう神父様に導かれたいと思ったからかもしれません。

栄光学園には、教育方針の軸となる6つのキーワードがあります。

①MEN FOR OTHERS, WITH OTHERS　**（他者のために、他者とともに生きる）**
②AGERE CONTRA　**（逃げたい気持ちとたたかい、なすべきことに専念する）**
③MAGIS　**（自分の能力を可能な限り成長させる）**
④AGE QUOD AGIS　**（やるべきことを、やるべきときに、やる）**
⑤NOBLESSE OBLIGE　**（いまここで私に与えられた能力や立場を最大限にいかす）**
⑥AD MAIOREM DEI GLORIAM　**（より大いなる神の栄光のために）**

この中で特に私が共感したのは、①の他者のために、他者とともに生きる、③の自分の能力を可能な限り成長させる、の2つです。息子たちには、まさにこのような人間に育ってほしいと、私がずっと心で願っていたことでした。

また、他の私立と比べて授業料が安かったのと、奨学金制度があったことも大きな魅力でした。私立学校には、経済的余裕がない家庭に対する支援制度がある学校が多いのです。

また当時、私は川崎に住んでいましたので、神奈川県や川崎市の支援や学費補助制度も利用しました。第8章で詳しく説明しますが、学校や自治体の経済的支援を活用すれば、シングルマザーでも子どもを私立に入れることは可能です。

教育方針と奨学金制度のほかにも、あとから知って「栄光学園で本当によかった」と思ったことはたくさんあります。

子どもたちが学園生活を送るようになってから、広い校庭で楽しそうに体育の授業を受けている姿を授業参観で見たときはホッとしました。

「勉強ばかりしていた苦しい中学受験から解放されて、ようやく子どもらしい学校生活を送れるようになった。子どもは本来、こうでなくちゃいけない。これからの6年間は、この広く開放感あふれる学び舎で、伸び伸びと青春時代を送ってほしい」と思ったものです。

また、生徒のほとんど全員が、東京大学をはじめとする最難関大学や医学部を志望する学校だというのも後から知りました。

中学時代までは比較的にのんびりしている雰囲気なのですが、高校にあがると少し緊張感が高まって勉強に本腰を入れる生徒が増えてきます。そして、高3までに最難関大学を狙えるレベルまで全体の学力がかなり底上げされるのです。
息子たちがそのような恵まれた教育環境で学べることを嬉しく思いました。

都心の中高一貫校の生徒には、中学時代から学校の大量の宿題に追われたり、東大受験専門塾に通いはじめる子もいると聞きますが、栄光学園では生徒の保護者にも、そのようなスパルタ的な雰囲気はほとんどありません。

基本的に自主性を重んじる学校ですので、本人のやる気に火がつくまで保護者はヒヤヒヤさせられる面もあります。

それでも最後は、高い目標に向かってラストスパートを走り抜けて、難関大学や医学部の受験を突破する子がほとんどなのです。

そういう意味でも栄光学園は、最小限できることで最大限の力を発揮してほしいと願っていた私の教育方針にピッタリの学校でした。

POINT

高い目標は、高い目標を持つ学友がいて達成できる

教育方針

中学時代は充電期間

中学受験が終わった子どもは、抜け殻になったようにまったくといっていいほど勉強をしなくなります。

中学生になった息子たちの生活は、私がすべてスケジュール管理していた小学生の頃とガラッと変わりました。身を入れてやるのは、学校の宿題と定期試験の直前の対策くらいです。

長男に限って言えば、中学に入った途端に、2つ下の弟に中学受験の勉強を教える時間が増えたので、自分の勉強どころではなかったというのもあったと思います。

二人ともサッカー部に入ったので、学校の授業以外は、朝練や土日の遠征もある部活メインの日々。携帯電話を持たせていたので、しばらくは友人同士で話題のゲームのアプリに夢中になっていた時期もありましたが、そのうち飽きて、使用頻度は少なくなっていきました。

部活が休みのときなど、どんなに暇な時間ができても、勉強を自分からやる姿を見た記憶はほとんどありません。

私も、「中学生の勉強時間はこんなものなのかな?」とのんびり構えて、様子を見守っていたら、長男の定期テストの成績がまたたく間に下がっていったのです。

気がつけば、平均点もギリギリ維持できるかどうかというレベルになっていました。

原因は明らかで、毎日の授業の復習をサボっていたのと、早め早めに定期試験の勉強にとりかかることをしなかったことです。

天才型のお子さんでしたら、授業で習ったことはその場で吸収して理解できるかもしれませんが、秀才型の長男はそういうわけにはいきません。

それでも、部活メインの日々の忙しさに流されて、暗記もののこまごました勉強もすべて後回しにしていたようです。

そんな調子でいたにもかかわらず、定期試験の数日前からやっとプリントを復習したり、参考書を読み返したりしていましたから、上位の成績を安定的に維持するのは厳しい状況でした。

栄光学園では中2までに中学3年分の授業をすべて終えて、中3からは高校の授業に入ります。

その進度の速さについていけるのだろうか？　という心配もありました。ただ、学校は休まず授業もちゃんと受けていて、落ちこぼれていたわけではありません。

学年ごとの担任の先生もみなさん楽観的で、「結果を出している学校ですから大丈夫です。見守ってあげてください」と言われていました。

そこで私も、成績はすぐにあがらなくても、とにかく学校に毎日行かせることが大事だと割り切って、本人に口出しすることはしませんでした。

次男も同じように、中学に入るとまったく勉強しなくなりましたが、長男ですでに免疫がついていたので慣れたものです。

それでも、成績がそれほど落ち込むことはありませんでした。生真面目な長男と違い、上手に手を抜きながら要領よく学ぶコツを身につけていたのだと思います。

いずれにしても当時、自分の子どもが東大に進むなんて考えたこともなかったので、そこそこの国立大学に受かってくれれば……と私自身が思っていたことも、気持ちの余裕につながったのかもしれません。

ところが二人とも、高校2年に入ると自分から勉強するようになったのです。中学時代にあまりにもサボり過ぎて「そろそろ本気を出さないとヤバい」と思ったようでした。

中学にもなると、勉強するかしないかは100%と言っていいほど本人の意思で決まります。親の言うことなど聞く耳は持ちません。

ですから何があっても慌てず騒がず、むしろ中学受験と大学受験の間で少しのんびりできる充電期間のつもりで、親は見守っているぐらいがちょうどいいのではないかと思います。

POINT

中学生にもなれば勉強するしないは本人まかせ

節約

安売りの保存食や冷凍食品、100円ローソンをフル活用

母親がいないときも、自分のことは自分でできるようになってほしい。そのことは、子どもが中学生になった頃から特に意識するようになりました。

長男が中1になってから、私がフルタイムの仕事をはじめたこともあり、家事をすべてやる余裕もなくなったからです。残業で夜遅くなるときは、レトルトカレーなどの保存食を自分たちで食べるように言って、二人でお留守番させました。

仕事が定時に終わることはほとんどなく、いつも帰りが19時30分くらいになったため、夕飯の仕度をする元気がない時は、近くのスーパーのお弁当が夕食になることもありました。

次男は中学受験の勉強がはじまった時期だったので、私がいないと気がゆるんでサボり癖がついてしまったところもあります。

それでも4年生まで勉強した貯金がありましたし、通塾もはじまり長男も次男の勉

強をみてくれていたので、なんとかがんばってもらうしかありませんでした。

シングルマザーである以上、生活がかかっていますから働かないわけにはいきません。しかもフルタイムとなると、子どものことや家のことはある程度、手を抜かなければ回らなくなります。

特に食生活は、贅沢《ぜいたく》する余裕もなかったため、スーパーの安売りで買いだめしていた保存食や冷凍食品、また、自宅の隣にあった100円ローソンには大いに助けられました。

長男の部活と次男の塾で、夕方以降のスケジュールがバラバラのときは、それぞれ食事や入浴などやるべきことをすませて、パジャマに着替えて私の帰りを待ってくれていました。

子どもたちも、「お母さんの仕事がいそがしくなったから、自分たちもできることはやらなきゃいけない」と思ってくれたようで、だいぶしっかりしてくれるようになったと思います。

小学生の頃はあげていなかったお小遣いも、中学生になってからあげるようになりましたが最小限です。栄光学園（神奈川県鎌倉市）はお弁当持参の学校ですし、飲み物は水筒を持たせていましたから、それ以外にお金を使う必要はありません。

ですので、中1で1ヶ月1000円、中2で2000円、中3で3000円と、学年と同じ枚数の千円札を毎月渡していました。

学校にはお金持ちの家の子もたくさんいたと思います。でも息子たちは、周りと比較することもなく、シングル家庭だからといって引け目を感じたり文句を言ったりすることもなく、我が家のルールに従ってくれていました。

「自分は自分」と思える強さは、社会を生きていくうえでも大切なことです。そういう意味で中学時代は、自立に向けたはじめの一歩を踏み出してくれたような気がします。

POINT

人は人、自分は自分。
「我が家のルール」で迷わず進む

教育方針

学校内でゴタゴタがあっても、本人の様子をまずは黙って見守る

中学校に入ると、子どもがどんな学校生活を送っているのか親がすべてを把握することはできません。

子どもの口数も減りますし、友達関係のことも自分からは話さなくなりますから、親が知らないところでトラブルに巻き込まれることもあるようです。

基本的に、反抗されても無視されても、子どもを信じる姿勢に変わりはありませんでした。しかし逆に、子どもがイヤな思いをするようなことがあったときは、さすがに心配しました。

長男が中2の頃のことです。学生服を、クラスメイトの何人かがボールのように丸めて投げ合っているうちに、窓から投げ捨ててしまった事件がありました。その前からも、長男はいわゆる「いじられキャラ」なところがあって、クラスメイトによくか

らかわれていたようなのです。

でも学生服の一件で、さすがに本人も我慢の限界を超えたようで、母親から買ってもらった学生服を窓の外に投げた生徒に体当たりして押し倒したと聞きました。

すぐに担任が駆け付けて事態は収まったものの、長男は自分がそんな行動に出たことに自分自身が驚いて、長いこと泣きじゃくっていたそうです。

そのあとは、気持ちの高ぶりが治まるまで保健室で休んでいて、落ち着くまでだいぶ時間がかかったと、後で担任の先生から電話で報告がありました。

私も、保護者会で他のお母さんから、「ハー君が少しからかわれているみたい」という話を聞いたことはあったのですが、中学になるとそういうこともあるのかな？くらいにしか気に留めませんでした。

担任の先生にも、「家庭環境のこともあるので、気に掛けていてください」とお願いはしていましたが、トラブルが起きるほど深刻な状況になっているとは思わなかったのです。

結局、先生の報告を受けた後、私が学校に行ったほうがいいか確認したところ、授業は終わって本人はもう帰したというので、自宅で心配して待っていました。

帰宅した本人の様子を見ると、目が真っ赤に腫れています。私がひと言、「大丈夫だった?」と聞くと、「大丈夫。もう中2だから」という答えがひと言だけ返ってきて、それで終わりです。

その言葉を聞いた私は、**自分で解決してきたのだから、余計なことを聞いてまたイヤな思いをさせたくないと思い、それ以上、何か聞くことはあえてしませんでした。**

ただし、その一件で長男の眼鏡が壊れたので、からかった生徒のお母様たちが話し合って、弁償代金を人数分で割って払ってくれました。

関わった生徒はみんな同じサッカー部でもあったので、お母様たちから「本当に申し訳なかった」とちゃんと謝っていただき、話ができたのはよかったと思います。

長男には、「(からかったクラスメイトの)お母さんたちも謝ってくれて、眼鏡の件もちゃんと話がついたから大丈夫だよ」とだけ伝え、それ以上はおたがい踏み込みませんでした。

自分の感情を友だちにぶつけたことで、それからは友だちも長男をからかうことがなくなりました。
それでよかったと思っています。長男はまさに精神的に自立しようとしているところだったのでしょう。ならば、プライドを尊重し、口を噤《つぐ》むところは噤むのが親の役目だからです。

POINT

詮《せん》索《さく》しない。子どものプライドを尊重する

生活のしつけ

反抗期がきたら喜ぼう

最近は、反抗期がない子どもも少なくないそうですが、それはそれで不安になります。反抗期は大人への階段なのです。

私は、親戚の伯父から、**「反抗期は成長の過程だから、子どもが反抗しはじめたら喜んだらよい」とも言われていたので、ある程度、心の準備はしていました。**

とはいえ、小学生までは甘えん坊で何でもおしゃべりしていた子どもが、急にそっけなくなって反抗的な態度をとるようになると、最初はやはり戸惑います。

あれは、長男が中3になった頃のこと。私が話しかけても無視したり、口答えするようになりました。

でも、口をとがらせて文句を言う様子を見て、「母親思いのハー君にもついに反抗期がきたんだな」と、むしろ微笑ましく思いました。

もちろん、反発ばかりされると腹が立つこともあるので、バトルしたこともあります。

「お母さんに言われた通りにしたのに、間違っていたじゃないか！」

と言われて、

「そういうつもりで言ったんじゃない」

と言い返したり、「言った、言わない」でお互い主張してゆずらなかったこともあります。でも、「これが噂の反抗期なのね」とあとで振り返って冷静になると、息子のすべてを許すことができました。

そんな長男の反抗期も長く続かず、一年ほどで治まりました。私に対する反抗心より、持ち前のやさしい性格が勝ってしまって、「一人でがんばっているお母さんを困らせるのはかわいそうだ」という気持ちになったようでした。

一方、次男の反抗期は長く、中3から高3まで続きました。

可愛いことには変わりありませんでしたが、長男よりも激しく反抗してくるので、言い合いになって理解できないこともありました。

高校生になるとすっかり可愛げがなくなって、注意しても聞こえないふり。そんな次男の態度に我慢できなくなって、本気で悲しくなったこともあります。

お母さんがいつも笑顔で太陽のような存在でいること。

そのことをずっと意識して子育てしてきましたが、さすがに反抗期真っ最中の子どもの前ではニコニコ笑う気分にもなれません。

高校生になると勉強が難しくなり、長男が先に東大に合格したプレッシャーも強まってきたのでしょう。

次男はとてもプレッシャーに弱い性格なので、私がストレスの捌《は》け口《ぐち》になっていたようなところもあり、よく八つ当たりもされました。

でも机に向かって必死に勉強している次男の後ろ姿を見ていると、腹立たしさはどこかに消えてしまいます。私にできることはただ、背中に向かってエールを送ることだけでした。

そのように、**兄弟それぞれ違う波風が立った時期はあったものの、気がつけばまた元の素直な子どもたちに戻っていました。**大学生となった今では、親子3人すっかり仲良しです。

両親そろっていてもシングルでも、反抗期は来るときは来ます。

そのときは親も我慢ができず、バトルを繰り広げることもあると思いますが、**そのうち治る病気みたいなものなので、あまり深刻に考えないこと**です。

POINT

反抗期には我慢せず怒っていい。

でも背中にエールを

英語力をつけさせるには、多少無理してでも短期留学を

中学受験の4教科（国語、算数、理科、社会）は、小学生時代から勉強してきた積み重ねがあるので中学のレベルにもスムーズに移行していきます。ただし**英語の勉強は、ゼロからスタートすると苦手意識が生まれやすい**ものです。

息子たちの場合、長男の得意教科は数学、次男が国語と対照的でしたが、どちらも英語が大の苦手という点で一致していました。小学校時代に英語は何もやらせていなかったのがひとつの原因だと思います。

長男は、往復140分かかる通学電車のなかで英単語を覚えたりしていたようですが、その他は授業で習ったことを定期試験の直前に復習する程度でした。得意の数学はあとでなんとか挽回《ばんかい》できるだろうと思っていましたが、英語は英単語や文法を必死に覚えなければいけない中学英語の基礎力が一番大事です。

そのため、長男は中1から中2まで英語の個人塾に通ったり、中2で市進学院《いちしんがくいん》の個別指導塾に通ったこともありましたが、長くは続きませんでした。

そのまま高校にあがった後も英語に苦労している長男の姿を見て、次男には強硬手段に出ました。高1の夏休みに3週間、フィリピンのセブ島へ留学させたのです。英語はいくら頭で勉強しても、必要に迫られなければ自分から話しません。英語でコミュニケーションする楽しさを知らなければ、勉強も楽しくないでしょう。

そこで、**思い切って留学させることで、英語に対する苦手意識をなくすのが目的でした。**

英語圏は高すぎて予算的に無理ですが、セブ島なら学費と滞在費と渡航費で30万円ほどです。もちろん、節約ばかりで余裕のない生活ではありましたが、そのお金を払ってでも行かせる価値はあります。

ただ、本人に相談せずにセブ島留学を申し込んだので、最初は「勝手に申し込んだ、行きたくない」と文句を言われました。それでも、いざ留学してみるとかなり楽しかったようで、「あと1週間延ばしたかった」と名残惜《なごりお》しそうな様子で帰ってきたのです。

それを機に、次男の英語の学習態度はガラッと変わりました。自分からユーチューブで英語の動画を見たり、字幕や吹き替えなしで洋画を観たり、日常的にネイティブの英語に触れるようになったのです。英語で読まれた文章のあとに影のように続いて同じことを読んでいく「シャドーイング」という勉強法もしきりに使っていました。

英語の試験「GTEC」のスコアも、セブ島に行く前は513点（810満点中）くらいでしたが、そのあとぐんぐん上がって、高2の冬には749点（810満点中）まで上がりました。

もともと数学より国語が得意な子なので、数学で足を引っ張られるぶん、英語が得意になったのは大きなメリットでした。

その後、入塾した鉄緑会の先生にも、「文系も理系も、英語に強ければどっちでも武器になる」と言われて大きな自信になったようです。

そんな次男の変化を目の当たりにしたので、長男も大学に入ったあとでセブ島留学させましたが、次男ほどテンション高く英語好きになって帰ってきたわけではありませんでした。

次男のようにお調子者で、誰とでも物怖《ものお》じせずに話せる社交的な性格の子のほうが向いているのかもしれませんし、留学に適した適齢期みたいなものもあるような気がします。

ただ、**留学の経験は決してムダにはなりませんし、ネイティブの人と話す機会があっても緊張することはなくなります。**

いずれにしても、英語学習が必要な時期の留学は、デメリットよりメリットのほうがはるかに大きいので、費用の面で多少無理してでも行かせてよかったと思っています。

POINT

短期留学であっても時に効果絶大

第7章

大学受験対策

参考書は書店で実物を確認させて買い与える

中学時代はのんびりしていた息子たちも、高校になるとそろそろ本気で勉強しようと思いはじめたようで、自分から「参考書を買ってほしい」と言ってくるようになりました。

特に、友だちからの影響は大きく、「誰々が使っているから、僕も鉄壁（KADOKAWA『鉄緑会　東大英単語熟語　鉄壁』）を買って」「化学の『重要問題集』（数研出版）も買って」と名指しで言ってきます。

最初に頼まれたときは、「やっと勉強する気になってくれたんだ！」と嬉しくて、言われるまま何冊か買い与えましたが、参考書代も結構高くつくので家計にひびきます。

そこで、アマゾンで売っている中古の参考書や問題集を買ってみたところ、かなり書き込みがあったようで、本人が消しゴムで1ページずつ消しながら使っていました。その姿を見ると涙ぐましくて、やはり受験に必要なものはケチらないことに決めました。

その代わりに、**まず1教科1冊ずつ買って、それをボロボロになるまで使い終えてから次をやる、というように段階的に買い与えることにした**のです。

1教科1冊だけしか選べないとなると、本人もどれがいいか入念に調べて比較検討します。私ももちろんインターネットで検索して、どういう参考書や問題集があるのかチェックしました。

たとえば、長男が『物理のエッセンス　力学・波動』（河合出版）が欲しいと言ってきたときは、自分でもどういうレベルの本か調べました。

すると、物理の基本を理解する初歩的な参考書だということがわかります。

これを1冊やり終えたら、同じシリーズで別のものも買う必要があるだろうな、ということも予測できますし、次のステップはどれがいいのか見当をつけておくこともできます。

ただし、**何冊か候補があり本人が選ぶのに迷っていたら、書店で実物を確認してから判断するように言いました。**

いくら評判が良くても、友だちからすすめられたとしても、自分のレベルに合っているのかどうか、自分が理解しやすい参考書なのかどうかは、やはり実物を手に取って中身を確認しなければわかりません。

東大理系を目指す高校生ならこれは絶対に外せない、と誰もが太鼓判を押すような、定番の参考書や問題集であれば、ネットで買ってもまず間違いはありません。でも、その次にやるべきものは、横並びで何冊もあることが多く、どれがいいか迷いやすいので、書店で実物を見てから決めないと失敗することがあります。

実際、息子たちに、なぜその参考書が欲しいのか理由を聞いただけでアマゾンで買ってあげても、結局、使わなかった参考書も何冊かありました。

一度だけ、私がよかれと思って書店で探した問題集を長男に渡したこともありましたが、これも見事に失敗しました。

なんと1ページも続かなかったのです。
本人の弱点は本人にしかわかりません。**本人の脳ミソに不足している栄養や、鍛えるべきところも本人にしかわかりませんので、教材選びはすべて本人が実物を見て決めるのが一番確実**なのです。

POINT

参考書選びが合格のカギを握る。
「相性」を吟味《ぎんみ》しよう

おすすめ参考書・問題集

現代文

『東大特進コース 東大現代文』（東進ハイスクール）

なかでも東進ハイスクールの「新年度プレ講座」「春期集中講座」で配られる、記述問題の模範的回答集がおすすめ。

見て、考えて、自分の中に落としこむことで、「得点力」と「考える力」を養うことができる。

古文

『読んで見て覚える重要古文単語315』（桐原書店）

単語解説はイラスト付きの説明なのでわかりやすい。

本文掲載単語のうち、重要単語のみ赤シートで隠せる索引ページがあり、単語学習のまとめとして活用できる。

『古文単語ゴロゴ プレミアム』（スタディカンパニー）

「ゴロ」と「イラスト」によって、受験で必要な古文単語の全てを、語の成り立ちや由来なども含めて楽しく覚えることができる。

単語が50音順に載っているので、辞書感覚でも使える。

『鉄緑会 東大古典問題集』（KADOKAWA）

東大入試で過去10年間に出題された古典の問題を詳細に解説してくれている。

過去問と解答だけでなく、答案の書き方や古文の重要単語、漢文の基本的な句法なども収録されているので、あわせて学ぶことができる。

漢文

『漢文早覚え速答法』（学研マーケティング）

理系の学生向き。
暗記箇所は必要最低限の範囲となっており、短時間で丸暗記できる。
「漢文に慣れる」を重視した参考書なので、漢文勉強の一冊目としておすすめ。

数学

『チャート式 基礎からの数学Ⅰ＋A』（数研出版）
『チャート式 基礎からの数学Ⅱ＋B 式』（同）
『チャート式 基礎からの数学Ⅲ』（同）

いわゆる「青チャート」は難関大受験向き。
「基本例題」と「重要例題」に分かれているので、基礎から積み上げることができる。
数学について、何からやってよいか分からない場合におすすめ。

『システム数学 入試必修問題集 実戦 数学 Ⅰ・Ⅱ・A・B 難関国公私立大学編』（啓林館）

難関大志望で、数学の基礎はひと通り終えた人向き。
収録されている全問題をやりきれば、数学に関しては自信を持てるレベルになれる。

『鉄緑会 東大数学問題集』（KADOKAWA）

東大の数学入試問題を、実践的なアドバイスや別解によって詳細に解説してくれている。
東大の過去問以外に、オリジナル問題も載っているのでお得感がある。

『東大の理系数学 27 カ年（難関校過去問シリーズ）』（教学社）

東大の数学入試問題に特化した対策書。
分野別に問題が並んでいるので、苦手な箇所を選んで克服することができる。
自分の得意・不得意分野を知っておくことで、本試験での時間配分もスムーズに。

物理

『物理のエッセンス 力学・波動』（河合出版）
『物理のエッセンス 熱・電磁気・原子』（同）

基礎〜センター試験レベルに挑戦したい人向け。
教科書では物理を理解できなかった人にもおすすめ。
参考書にしては問題量が少なくすぐに終えることができる。

『実戦物理重要問題集 物理基礎・物理』（数研出版）

難易度は、基礎と応用の中間。
基礎レベルから入試レベルへと実力を高めたい時期にもってこいの一冊。

『物理標準問題精講』（旺文社）

前述『実戦物理重要問題集』より難易度が高いので、続けて解くと良い。
センター試験の物理で 80 点以上取れる人向き。

『東大の物理 27カ年（難関校過去問シリーズ）』（教学社）

東大の物理入試問題に特化した対策書。
複数分野の融合問題が多く、基本知識から応用的思考力まで幅広い力が試される。
分野別に問題が並んでいるので、苦手な問題を選んで克服できる。

化学

『鎌田の有機化学の講義』（旺文社）

大学入試で必要だが、理解するのに苦労する「有機化学」のとらえ方がわかる一冊。

丸暗記タイプのものとは異なり説明がしっかりされているので、理解を深めながら覚えることができる。

『有機化学演習（駿台受験シリーズ）』（駿台文庫）

第1章「有機化学の基礎」、第2章「有機化学演習」と段階を踏んだ構成となっているので理解が深まりやすい。

有機化学に関する大学入試で頻出の事項が満遍なく掲載されており、バランスよく学べる。

『化学の新演習　化学基礎収録』（三省堂）

「理論化学」166問、「無機化学」47問、「有機化学」118問で構成されており、量をこなすのに最適。

理系難関大志望者は、過去問に入る前に本書で全範囲を満遍なくこなしておくことをおすすめ。

『鉄緑会　東大化学問題集』（KADOKAWA）

実際の東大式の記述答案例が手書き風に書いてあり、答案の作り方の参考になる。

「無機化学」の反応式のまとめをはじめとする、圧倒的な情報量が魅力。

英語

『鉄緑会　東大英単語熟語　鉄壁』（KADOKAWA）

東大受験に特化した進学塾「鉄緑会」による英単語の攻略技術が詰まった単語帳「鉄壁」。

ボリュームはあるが、語源の説明やイラストも豊富なためサクサク覚え進めることができる。

『DUO 3.0』（アイシーピー）

『DUO3.0』と前述の『鉄壁』で英単語の勉強は十分。

高校2年生時点で、付属のCDを活用し例文を暗唱することをおすすめ。

『英語　要旨大意　問題演習（駿台受験シリーズ）』（駿台文庫）

東大英語入試の第1問目に出題される「次の英文を読み、その大意を○字以上○字以内にまとめよ」という問題の対策本。

採点基準も記されているので、どう書けばよいかが学べる。

高いレベルの英語語彙力が必要になるので、「英文を理解しながら読む力」も身に付く。

『基礎　英文解釈の技術100（大学受験スーパーゼミ徹底攻略）』（桐原書店）

「基礎」とあるが、英単語帳一冊、英文法もひと通りやった上で取り組むとよい。

多読することで読むスピードが鍛えられるので、速読の訓練になる。

入試に頻出する複雑な構文の説明が、文章だけでなく図解で示されているのでわかりやすい。

『ポレポレ 英文読解プロセス50（代々木ゼミ方式）』（代々木ライブラリー）

文法や英単語がひと通り網羅されているので、完璧とまではいかなくても、英語に慣れてきた人やシンプルな文章ならスラスラ訳せる人向き。

大学受験レベルの難解な英語を訳すための訓練に最適。


『東大の英語27カ年（難関校過去問シリーズ）』（教学社）

東大の英語入試問題に特化した対策書。

出題形式別に「要旨要約」「読解」「英作文」「文法・語法」「英文和訳」「総合読解」の6章に分かれており、段階的に学び進めることができる。


『灘高キムタツの東大英語リスニング（英語の超人になる！アルク学参シリーズ）』（アルク）

東大の英語入試における「リスニング問題」に特化した一冊。

付属CDに収録されているリスニング問題のトピックも、日常会話から学術的な内容まで多岐にわたっているので偏ることなく学習できる。


『キムタツの東大英語リスニング SUPER（英語の超人になる！アルク学参シリーズ）』（アルク）

前述『灘高キムタツの東大英語リスニング』の上級版。

付属CDに収録されている英文のスピードは3段階に分かれており、段階を追うごとに読み上げが速くなる。

エアコンのノイズやホールの反響で音質が悪いとされる本試験のために、英語が聞き取りにくい音質でのヒアリング問題もある。

勉強のしつけ

勉強のスタイルは自主性に任せる。たとえ姿勢が悪くてもいい

中学受験のときから、子どもの勉強に私が直接関わることはほとんどありませんでした。レベルの高さについていけなかったのももちろんありますが、それより意識していたのは、**仮に、小学校までは親が手伝って本人の努力以上の結果が出たとしても、中学・高校では否応なく自分の学力に自分で向き合わなければいけなくなるから**です。

また、離婚したことで必要以上に無理なことはせず、安らかにささやかな幸せを維持できればいいという気持ちが強くなったことも、勉強を本人任せにしたひとつの理由でした。

たとえ、親が何も言わなかったことで成績が悪くなったとしても、どうすればそこから自分の学力が向上できるかを考えて努力すれば、それも立派な成長です。

親が「ああしなさい、こうしなさい」と指示して言う通りにさせると、結局、レールを敷いてしまうことになります。それは子どもにとってはありがた迷惑でしかありませんから、特に中学に上がってからは子どもたち自身で考えてもらうようにしたのです。

ただひとつだけ、息子たちのノートの使い方がとても汚かったので、目に余って「もっとキレイに書きなさい」と何度か注意したことがありました。そのことを、保護者面談のときに担任の先生に相談したのです。

すると先生いわく、**「ノートにぐちゃぐちゃ書いているのは、考えてる途中のメモ書きみたいなものだから、きれいに書くかどうかは賢さとは関係ないですよ」**とのこと。その言葉を聞いて、「うちの子たちにとっては、ノートをきれいに使うのは時間のムダなんだ。インプットを増やして、頭の中にたくさん引き出しを作るためのツールがノートなんだな」という風に、私のほうの考え方をあらためたら、すっかり気にならなくなりました。

息子たちの場合、ノートの使い方以外にも勉強のスタイルに特徴があります。

長男は机に座って、同じ場所で長時間集中できるタイプなのですが、次男はあっちに行ったりこっちに行ったり、いつも落ち着きがなくウロウロしているので、一見すると勉強していないように見えるのです。ところがよくよく見てみると、必ず参考書や本を手に持っています。

リビングで、ソファに座ってオットマンに足を乗せて、ただくつろいでいるのかと思ったら、何か読んでいたり、暗記したりするのが、次男の通常のスタイルです。さすがに、足をソファの背もたれにかけ、床に向かって逆さまになった形で勉強している姿を見たときは、唖然《あぜん》としたものです。

大学生になった今でも、次男の勉強スタイルは変わりません。本人いわく、「ここだと体が伸びるからバランスがいい、よい姿勢を続けるのは疲れる」というので、「ナー君は、自分の好きな体勢でいると集中できる子なんだな」と思い、好きなようにさせています。

「そういえば、中学受験の頃もよくソファで何かやってたな」「(兄弟の)二段ベッドの上で勉強してたこともあったな」などと記憶もよみがえってきて、次男が机に座って勉強する時間は長男に比べて少ないことに、改めて気づかされています。

また、二人ともサッカーをやっていたので、リビングにはいろいろな運動グッズがあってボールやヨガマットも常備してあります。そこでストレッチや運動をしながら、合間合間に勉強をしていたこともよくありました。

そのように子どもは、自分に合った勉強スタイルや、より効率的に集中できる環境を、自分でいろいろ試しながら見つけていきます。ですから親は、子どもが一番集中できる勉強スタイルが確立するまで、黙って見守ってあげることも必要なのです。

POINT

親の思う「正しさ」を押し付けない

褒め方

兄弟それぞれまるで異なる長所を見極める

小学校までは塾も習いごとも同じだった長男と次男ですが、中学高校になるとそれぞれの得意不得意、好き嫌いがよりはっきりしてきました。

長男は下手の横好きでずっとサッカーを続けていて、中学高校でもレギュラーで試合に出ることはほとんどなかったのですが、高3の春まで楽しそうに続けていました。

一方、次男は同じサッカー部に所属していましたが、ゴールを決めた試合を最後に、高2の夏で退部しました。長男がその年の春に東大に入ったので、自分も後を追いたくなったのか、サッカー部を早期に退部し、東大受験の専門塾である鉄緑会（東京都渋谷区）に入りたいと言い出したのです。

ただし、入塾試験にはなんとか受かったものの、中学から鉄緑会に通っている子どもたちのレベルが高くて大変だったらしく、ついていくのに必死だったようです。

それでも**次男がラッキーだったのは、わからないことがあればお兄ちゃんに教えてもらえたこと**です。わからないこともその場で聞いて理解してから次に進めていましたし、飲み込みが早く要領もいいので、手抜きの加減もわかっている様子でした。

その一方で次男は、ひとつのことに夢中になるとそのことばかり考えてしまいます。

たとえば、次男は高2のときに鉄緑会とともに東進ハイスクール（校舎は日本全国98か所）に「物理」1教科のみ入ったのですが、その東進で尊敬する物理の先生の授業を受けたときのことです。「（この先生みたいに）東大に入ってからも通用する物理を究めたい」と言い出した瞬間から、他の勉強にまったく手をつけなくなったことがありました。

さすがにそのときは、「それじゃ他の勉強時間が足りなくなるでしょう？ 物理を究めるのは東大に入ってからでいいんじゃない？」と言いましたが、高3まで反抗期のような状態が続いていたので、素直に言うことを聞くわけではありません。

結局、次男がチャレンジしている物理の難題をみて、長男から「こんなの今やる必要ない、入試に出ないから」とズバッと言われて、やっとあきらめがつく、という感じでした。

長男は、何かひとつに集中して取り組むというよりは、すべての課題を真面目にコツコツ解いていくような、最後まであきらめない粘り強い性格です。

そんな兄弟の性格や才能の違いも理解して、それぞれの長所をつぶさないようにすることも、成長とともに強く意識するようになりました。

POINT

得意科目、集中力。兄弟であろうがまったく別人

モチベーション

高2で数学が学年最下位になった長男のリベンジ

中学時代、定期試験の成績が平均点ギリギリだった長男は、高1になっても同じレベルをウロウロしていました。この状態が大学受験まで続くなら、そこそこのレベルの国立大学か奨学金制度を利用できる私立大学に受かってくれればいいと、私もなんとなくイメージしはじめました。

ところが、高2の1学期中間試験で、得意のはずの数学が学年最下位になってしまったのです。ランキングが出たわけではないのですが、点数の範囲別の分布図を見て、最下位に自分が位置していることがわかったようです。

これには私もびっくりして、「いったい何が起きたの?」と本人に聞いてしまいました。すると、そのときの数学の試験は実験的に英語で出題されたため、問題の意味を理解するのがかなり難しかったとのこと。解答はもちろん日本語で書いていいのですが、英語の問題文にあたふたして戸惑ったことが敗因だったようです。

この出題形式は不評だったようですぐに廃止されましたが、他の同級生も同じ条件で問題を解いているのです。その中で最下位というのは、やはり英語も数学もそれだけ学力が追いついていなかった証拠でしょう。

さすがに本人も危機感を覚えたようで「ヤバい、ヤバい」と繰り返し言いながら、翌日から学校で習った数学の復習をやりはじめました。

同時に、青色の「チャート式　基礎からの数学」シリーズ（数研出版）3冊も夏休みまでにすべて復習すると宣言したので、「真面目なハー君のことだから、やるといったことはやるだろう」と私も黙って見守ることにしました。

「あと数ヶ月で、あんなにずっしりと重くて分厚い問題集を3冊もやり終えるなんて大変そう……」と他人事のように思っていたほどです。

親が東大卒だと、子どもの勉強の進度が手に取るようにわかるらしく、今どの単元の何ページをやっているかまで把握して、サポートしている同級生の保護者もいました。そういう話を聞くたびにびっくりして、「私は何もわからないし、サポートできないから、子ども達も大変だろうな」と落ち込んでいたものです。でも、**自分ができないことは、どう逆立ちしてもできません。そもそも大学受験で、親がそこまでサポートするのもどうかという考えでしたから、本人のがんばりを信じるしかありませんでした。**

結果的に、少しずつ「チャート式　基礎からの数学」で復習を進めたおかげで、2学期の中間試験の数学はなんとか最下位から脱しました。

けれども、夏休みになっても部活はあるし暑いしで、なんとなくだらだら過ごしていた長男。青の「チャート式　基礎からの数学」シリーズ3冊をまだ終わらせることができませんでした。

その後、本気で勉強をはじめたのはいつ頃だったのか、東大に合格したあと本人に聞いたところ、「高2の11月11日」と即答しました。その日に、「チャート式　基礎からの数学」3冊がすべて終わって、受験勉強の態勢に入る覚悟ができたようです。

ただし本人は、「3冊すべての問題を丁寧に解いてしまったから、思ったより時間がかかり過ぎた」と進め方について後悔していました。

それでも、**高2の「11月11日」にやる気スイッチが入ってからは顔つきがまったく変わりました。**私が見ていた限りでは、高3の5月でサッカーの部活を辞めてからが、時間を取り戻すように頭をフル回転させ、本格的な受験勉強をはじめたスタート地点だったように思います。

POINT

「やる気スイッチ」は、ある日突然入る

受験準備

受験予備校は複数使いこなし、それぞれの特性を最大限利用する

私は女子大卒で、家族や親戚に東大を出た人もいません。大学受験の勉強内容もわからず、受験情報にもまったく詳しくない親の私が頼りなかったせいもあるのでしょう。長男も次男も、自分から予備校通いを希望してきました。

必須科目と苦手科目で高得点をとるために、予備校に通塾するか東進ハイスクールの動画授業を受けたいと相談されたのです。東進ハイスクールは、校舎にある自習室だけでなく、自宅でもパソコンがあれば動画授業を受けられるため、移動時間の節約になります。そこで、我が家の予算で可能な選択肢をいくつか与えて、取捨選択させました。

その結果、長男は高1の夏から神奈川県の武蔵小杉にある一会塾《いちえじゅく》で英語と数学を、高校2年1月から東進ハイスクールで化学を受講して、高3の春に東進東大特進コー

スの国語、夏に英語と化学をプラスしていました。物理については自力で勉強しておりました。

一会塾は医学部・難関大受験専門で、対面授業なので質問がしやすく自習室もあるのと、優秀な先生が多い塾です。大手塾並みの授業料でしたが、塾長が費用の相談に乗ってくださったのも助かりました。

次男は高2から鉄緑会（東京都渋谷区）で英語と数学を、東進ハイスクールで物理を受講し、夏期講習で国語を追加していました。

鉄緑会は、東大医学部の合格率が高く、カリキュラムも充実していて、圧倒的に優秀な指導力とノウハウがあります。高2までに一通りの授業が終わり、高3からひたすら演習を繰り返すので学力も確実に高まるシステムです。

ただ、プリント教材が多すぎて本人でも把握するのが精いっぱいという状況になるので、部屋が教材だらけになって手がつけられなくなりました。

高3からは、東進東大特進コースで、春に国語。夏以降は時々単発で、英語、数学、物理を受講していました。

長男・次男共に、塾を掛けもちしていたので、かなりの勉強量だったと思います。

東進ハイスクールのメリットは、先生の質が高いだけでなく、生徒の興味を引く面白い授業をする先生が多いことです。特に長男は国語が苦手だったため、東進ハイスクールの林修先生の現代文の解き方ダイジェストの動画授業を受け、コツがわかったようです。

また、1教科でも受講すれば自習室の利用ができ、無料で模試も受けられたりするのと、特待制度もあるので、息子は二人ともその特待制度を利用して授業料を安くしてもらいました。

また、東進ハイスクールには、過去10年間分の動画解説付き過去問題集もあります。動画授業は質問ができないのがデメリットですが、先取りしようと思えば先へ進めますし、さかのぼって基礎固めの復習もできます。

そのように**自分のレベルに合わせて、自由に進度を変えられるのが魅力**でした。

現役大学生のチューターが親身になって生徒の相談に乗ってくれたのも、息子たちの励みになったようです。

ただ、英語と数学は動画授業だけでは物足りないという本人たちの強い希望があったため、移動時間がかかることに抵抗はありましたが、一会塾と鉄緑会にそれぞれ通わせることにしました。

また、理科に関して言えば、栄光学園（神奈川県鎌倉市）は高3秋まで普通の授業が続きます。物理も化学も苦手な息子たちが、それが終わるのを待っていたら受験勉強が間に合わなくなる可能性がありました。

定期試験の理科の成績がよくなかった本人たちも、そのことに対する不安があったので、理科は高2から東進ハイスクールで受講することにしたのです。

英語、数学を高2のうちに足固めして、理科と社会は高3で一気に仕上げる子もいます。でも、息子たちは逆に理科を早めに進めておかないと、数学の追い込みの時期に足を引っ張るような気がしました。

高3以降は長男も次男も、塾の自習室で勉強したり、東進の自習室にこもって動画授業を受けて復習することが多くなりました。

終わらなければ帰宅したあとに復習の続きを終わらせる、というように、その日やるぶんは最後までやりきってから寝る、というサイクルを守っていました。

本番直前は、食事をするときも動画授業を見ていたくらいなので、いつでもやりたいときに受講できる東進ハイスクールのシステムは便利で助かりました。その動画を見るためのｉＰａｄ（アイパッド）は、我が家の必需品《ひつじゅひん》でした。

POINT

力強いラストスパートのために、まず弱点の克服を

受験準備

高３夏で合否判定Ｅでも受かる！ 志望校は子ども自身に決めさせる

高1までずっと平均点をウロウロしていた長男の第1志望が、いつの間にか東大になっていたのは同級生の影響です。

私は正直、最難関大学への進学は期待していませんでした。ところが、**周りの友人たちが目指す大学がみんな東大だったので、もともと負けず嫌いな長男は大きな刺激を受けた**のです。

高2の秋から本気で受験勉強をはじめた長男は、高3になった時点で東大を目標に掲げるようになっていました。けれども、高3夏の東大模試判定は「E判定」。早稲田も慶応も合格圏外でした。

唯一合格圏内だったのは横浜国立大学だったので、私はそこでもいいと思っていました。高2で数学が最下位まで落ちたことがあるだけに、「E判定」で現実の厳しさを思い知ったのです。

ところが長男は東大をあきらめる様子がないのです。そこで、「高3秋の模試でせめてC判定かB判定がとれれば、東京大学を受験してもいい」と約束しました。

なぜなら、栄光学園の先生から、「東大を目指すには最低でも、B判定かC判定が望ましい」と1学期の個人面談でアドバイスを受けていたからです。

それからの猛勉強の成果で、高3秋の河合塾の模試で東大は「B判定」、駿台の模試で「C判定」まで上がったので、約束通り、東大を受けさせることに決めました。


一方、次男は、お兄ちゃんが先に東大に入ってもだらだら勉強していましたが、あるきっかけがあって本気で東大を目指しはじめました。

そのきっかけとなったのは、**幼い頃から疎遠になっていた友人との再会です。その友人と、高2の夏に鉄緑会で偶然会って、東大合格を目指して勉強に打ち込んでいる姿に影響を受けた**というのです。

ただ次男は、高2の冬の時点ですでに駿台模試では東大「A判定」だったので、長男よりは早めに東大受験を決めました。

東大に合格したあと次男は、「あのとき再会した友だちの姿を見てから自分の態度を改めて、真面目に勉強するようになった。お互いに切磋琢磨《せっさたくま》することができたから東大に合格できた。もしも彼と再会しなかったら東大合格は絶対にあり得なかったと断言できる」と話していました。

それほど、子どもにとって友だちの存在は大きいので、やはり学校選びは大事だと思いました。息子たちと共に受験を闘い抜いた友だちには本当に感謝しています。

予備校も志望校も最終的に本人に選択を任せたのは、どんな結果になっても後悔しないようにしたかったからです。

自分で決めたことなら、「親に薦められたから」「親が決めたから」という言い訳は通用しません。「親のせいで大学生活が台なしになった」、「親のせいで人生間違った方向に進んでしまった」と、失敗や挫折を親の責任にすることもできません。

たとえ東大に受からなかったとしても、自分で受けると決めた受験であれば、「自分の努力不足、実力不足だった」とあきらめもつくでしょう。そこからまた次の一歩を踏み出せるはずです。

でも親が決めた受験だったら、「最初から無理だとわかっていたのに受験させられた」と、一生、不合格を親の責任にする可能性もあります。

どんな結果も100%自分で受けとめて、そこからまた自分の足で歩きはじめるためにも、**進路は子ども自身が決める**必要があるのです。

POINT

受験は子ども自身のもの。後悔ないよう自己選択を

モチベーション

勉強のスランプは必ず来る。いちいち気にしない

勉強量と成績は必ずしも同じタイミングで比例するわけではありません。

そのことは子ども自身が、中学受験の頃からイヤというほど経験しているので知っています。

私が今まで息子たちのことを見てきてわかったのは、次のような勉強と成績のペースです。

①勉強をはじめるとまずはすぐに成績に現れる

②勉強をはじめた１ヶ月後くらいから伸び悩む時期に入る

③勉強をはじめた３ヶ月後から６ヶ月後に、再び成績が上がりはじめる

この流れがわかっていると、勉強をがんばっても成績が上がらないときに動揺しま

せん。努力がすぐに成績に現れなくても、あきらめずに勉強を続けていれば必ず成果が出ることを、子どもたちは何度も経験しているからです。
だからこそ、多少成績の波があったとしても、途中であきらめて投げ出さない気持ちが備わっていたのだと思います。

鉄緑会（東京都渋谷区）に通っていた次男は、「数学は、数Ⅲまでやり切ったら面白いほど問題が解けるようになる。東大の過去問の数学も満点がとれることがある。ここまで来てやっと数学の楽しさがわかってきた」と話していたことがあります。
勉強でも、マラソンでいうところのランナーズハイのような状態に達する瞬間があるのでしょう。

これは言い換えると、**数学が楽しいと思えるレベルに達するまでは、我慢と苦しみの連続だった**ということでもあると思います。

実際、次男が大学受験の勉強を本格的にはじめてからは、自分で抑えきれないイライラを私にぶつけてくることもありました。それでもあきらめずに、やるべきことをやりきった先に見える世界があることを、前述したように次男は教えてくれたのです。

同じように、長男も大変な時期を乗り越えたおかげで東大に受かったわけですが、次男のように私にイライラをぶつけてくることはありませんでした。

おそらく、自分の中にネガティブな感情を溜め込んでいたのでしょう。ストレスが体に現れたのです。

高2の夏休み、友だちとカラオケに行った長男が、吐き気がするほど具合が悪くなったと言いながらフラフラして帰ってきたことがありました。すぐに病院で診てもらったら突発性難聴《とっぱつせいなんちょう》になっていたのです。

それからは常備薬としてシロップの薬をもらって、無理をしないように言い聞かせましたが、本気で受験勉強をはじめようと思いはじめた頃です。

ますます勉強量が増えるのは目に見えていましたが、勉強をやめなさいとは言えませんでした。

その代わり、定期的に通院して、突発性難聴の点滴治療をしてもらって、その都度、具合を確かめてもらうようにしました。結果的に「東大過去問を25カ年分解いた」と言っておりますが、とにかくやらなければいけない勉強が山ほどあるので、本人は病院の待合室や点滴を受けている間も勉強しながら、体調管理をしていきました。

結局、薬を飲み続けても本番までに突発性難聴は治らなかったのですが、長男は、どんなに疲れて帰ってきても、まだ元気が残っている、とわかる習慣がありました。

それはお風呂カラオケです。長男は歌が好きで、いつもお風呂に入ると元気に歌を歌うのです。

「過去問が解けなかった」「〇〇ができなかった」と言いながら落ち込んで帰ってきても、お風呂に入って元気に歌っていれば大丈夫。お風呂カラオケは、長男の元気の度合いを知るバロメーターでした。

お風呂場でよく響く長男の歌声を聞きながら、次男と二人で顔を見合わせて、「あれなら心配ないね」とよくうなずき合っていたものです。

特に男の子は、暗い顔をしていてもお腹いっぱい食べると元気になったり、ユーチューブでお笑い動画を観ると途端に笑顔になったり、すごく単純なところがあります。

それなのに、**親が必要以上に心配して余計なことを言うと、せっかく本人が気分転**

換してイヤなことを忘れても、また重たい気持ちに引き戻すことになってしまいます。

ですから私は、長男の気分のスイッチが、すぐに切り替わるのを不思議に思いつつも、「受験生ってこういうものなんだろうな」とあまり深く考えず、歌を歌う元気があるなら大丈夫だろうと、受験本番まで見守り続けることにしました。

POINT

気分転換の方法は、子ども自身が一番わかっている

環境づくり

過去問や模試などのプリント整理は親の仕事

子どもが5分でも10分でも勉強に集中できるように、少しでも早く就寝できるように、試験やプリント類の整理などの雑用は私が手伝っていました。

勉強をみることはできませんが、片づけや整理くらいなら私にもできます。

中間試験や定期試験などは、学校の解説授業を受けて、必ず間違い直しまで済ませたかどうかを確認したあとファイリングしていました。

私がファイル整理すると、点数も書いてあってわかるので、子どもたちもそれで私に報告したことになるのです。

中学時代からすべてファイリングした6年間分のテスト類は、一人分でアコーデオンみたいに分厚くなったファイル2冊になりました。

その他に、栄光学園ではプリント学習も多かったので、学期単位で教科ごとにファイリングしました。それもファイル数冊分の結構な量です。

模試の問題も穴付きのクリアポケットファイルに入れて、マスキングテープに「〇年〇月」と書いて表側に貼っておきます。

そうすると「見える化」できるので、解答結果があとから届いてもすぐに該当する問題が入っている袋に一緒にセットにして入れられます。

同じく、ダウンロードして印刷した過去問プリントも、「〇〇年度」と書いて貼り、中に解答用紙と解説書も一緒に入れてワンセットで保管します。子どもは、今日は「〇〇年度」を解こうと決めているので、そのワンセットを自習室に持って行っていました。

重要なプリントは、ただの透明なクリアファイルに入れて積み重ねてしまうと、探しにくくなります。

プリントを探すことほど無駄な時間はないので、必ず袋型のポケットファイルに入れて、厳選した重要プリント集を作り、復習するときも見開きですぐ確認できるようにしておきました。

ただし、次男が通っていた鉄緑会（東京都渋谷区）のプリント類は、それこそ山積みの状態で持ち帰ってくるのでファイリングはあきらめて、コピー用紙が入っていたフタ付きのA4サイズの箱を科目ごとに用意し、バサバサッと入れていきました。

息子二人の大学受験が終わったあと引っ越しをしたのですが、試験やプリントの山

ボックスを３種にわける
- 塾の課題
- 過去問
- 模試

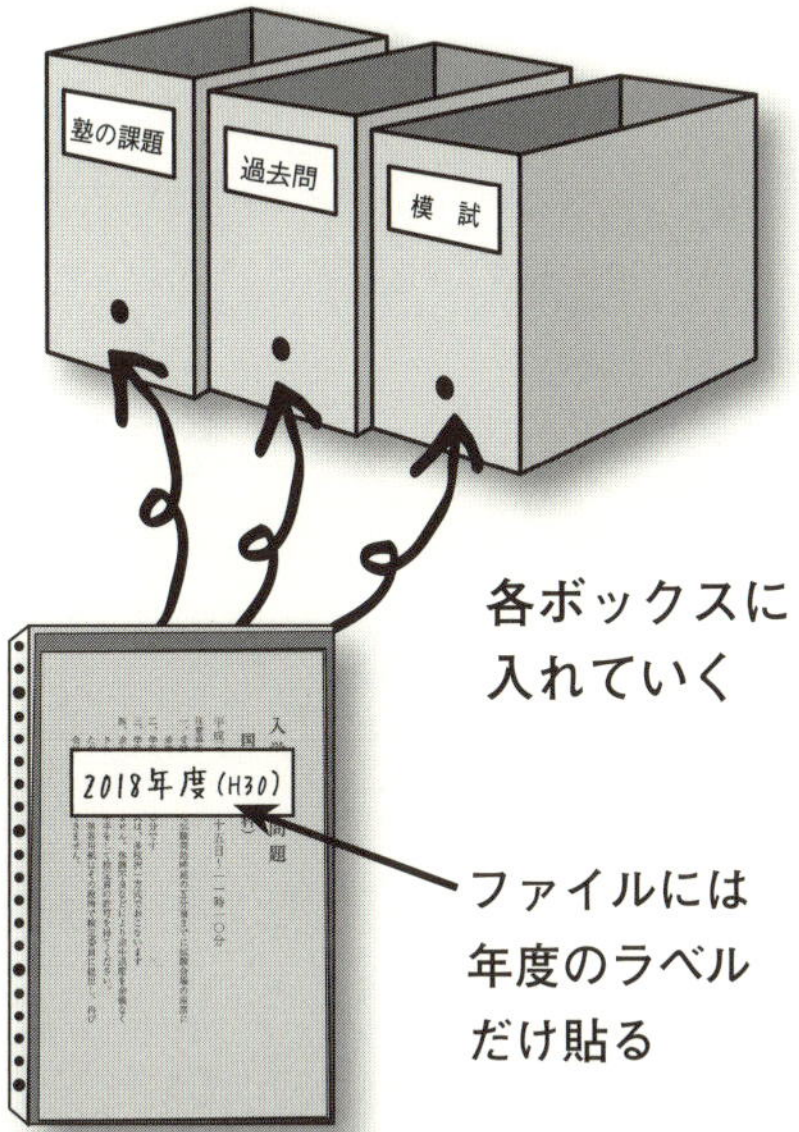

年度別に問題用紙と解答用紙をセットで袋型のファイルに

プリント類の整理のコツは、几帳面にやりすぎないこと

でいっぱいの子ども部屋だけで、「段ボール30箱分」と引越し業者に見積もられたときはびっくりしました。

それほど大量の教材整理を、受験生が自分でやる余裕などありません。特に男の子は、片づけや整理が苦手なので、そこだけは母親ががんばって手伝ってあげたほうがいいと思います。

もうひとつ、私が気を配っていたのは、**勉強机の上を広くしておくこと**です。学校や塾から疲れて帰ってきたとき、机の上が散らかっていたらそれだけでやる気がなくなります。

机の上の片づけからはじめていたら時間ももったいないので、子どもが勉強しようと思い立ったらすぐに机に向かえるように、机の上はいつも広く使えるようにしてあげていました。ダイニングテーブルで勉強することも多かったので、その時は、食事が終わったらすぐにテーブルの上を片付けてあげました。

POINT

整理整頓してあげて、勉強時間をムダにさせない

健康管理

受験が迫ると、体調管理との闘い

高2から高3にかけて、受験生の勉強時間は驚くほど増えていきます。

同時に、家で勉強するよりも、塾や予備校の授業を受けたり自習室で勉強する時間が増えるので、帰宅時間もかなり遅くなります。

高3の2学期までは、二人とも朝6時30分に起床して、23時30分に就寝していました。高3の3学期以降は学校がない日が増えるので、長男は朝7時30分起床で同じ23時30分に寝て、次男は8時30分に起床して24時30分に寝ていました。

当時の勉強時間はだいたい次のとおりです。

- **1学期の平日は4〜5時間**
- **休日は10時間**
- **夏休みは13時間（午前中が勝負）**

●2学期から本番直前までの平日は6〜7時間
●冬休みは13時間
＊いずれも塾と学校の授業時間をのぞいた自学自習の時間

さらに、学校の休み時間も常に勉強して、通学や通塾の電車のなかでは、ずっと単語帳を見ていたということです。

また、模擬試験の時期は、本番では2日間に分けて受ける5科目の試験を土日いずれかの1日で受けます。たとえば、「センター模擬試験」の場合、一気に1日（9：45〜20：10）で受けたり、「東大レベル模試」の理系4科目（英、数、国、理）を、1日5時間2日連続で受けなければなりません。本当に時間に追われながら、体力勝負で乗り切っていた生活でした。

特に、集中力が持続するタイプの長男は、高3秋以降の追い込み期になると、地元の一《いち》会《え》塾《じゅく》（神奈川県川崎市）の自習室に最終時間まで残って勉強していました。眠気覚ましに、カフェオレの入った水筒を持参して飲んでいたほどです。「その集中力のすごさに周りの生徒も遅い時間まで引っ張られていました」と塾長がおっしゃっていました。

そこまで勉強時間が増えると、当然、寝る時間も遅くなりますので、体調管理が大事になります。電車でのマスク着用はもちろん、家族全員インフルエンザの予防注射接種を受け、少しでも喉の調子が悪い時は、葛根湯《かっこんとう》を飲ませて寝かせるようにしました。

そうして迎えた東京大学の受験本番。

長男の1日目の試験は数学と国語でしたが、「数学が難しかった」と言って、ちょっと落ち込んでいました。

でも翌日の理科と英語に気持ちを切り替えてがんばっていました。

追い込み時期になって、息子の突発性難聴《とっぱつせいなんちょう》はメニエル病と診断されていました。本番前の3ヶ月分の薬を多めにもらい、1日3回メニエル用のシロップ薬を飲みながら、必死で闘った受験でした。

試験中も耳の調子はいまいちだったようです。

そんな調子で入試に臨んだので、受験から合格発表までの15日間は、気が遠くなるほど長く感じたものです。

その間、栄光学園の卒業式があり、保護者の出し物としてゆずの「栄光の架橋」を歌ったのですが、可愛らしさいっぱいの幼い頃から、あきらめずに勉強し続けてきた高校生活までの長男の姿を思い出し、涙をこらえながらやっとの思いで歌いました。

それだけに、東大理科Ⅰ類に合格した長男の笑顔を見たときは、**「子どものためにがんばってきてよかった。シングルマザーになっても高い目標をあきらめなくてよかった！」**と感無量の思いがしました。

一方、次男のほうは本番1日目、1教科目の数学の試験がはじまる前に、「高2の夏から、つまずきながらもあきらめずに努力を続けてきたことを走馬灯のように思い出して、目頭が熱くなった」と教えてくれました。

彼は、それくらい数学に賭けていたのです。

東大の過去問では満点をとれるほどの力をつけていましたが、プレッシャーに弱い子です。しかも、隣の学生の鉛筆の音と貧乏ゆすりの振動が気になって気になって、一番得意な数学でつまずいたと落ち込んでいました。

1日目の試験が終わってからずっとがっかりして肩を落としている弟に、私は声もかけられずにオロオロしていましたが、帰宅した兄が最初に弟にかけた言葉はひと言。

「おまえ、あきらめんなよ」

私のどんな励ましよりも、お兄ちゃんのこの一言が一番大きかったのではないかと思います。

兄の背中を追い続けてきた弟と、その弟を中学受験の頃からずっとサポートしてきた兄。次男の合格は、兄弟二人で手にした合格でもありました。

POINT

追い込み時期では睡眠時間も減る。体調管理はやってもやりすぎはない

教育方針

東大に合格できた7つの勝因

今振り返ってみると、息子二人が東大に合格したのは、**本人たちが「本気で勉強をはじめよう！」と思ったときに本領発揮できる土台づくりを、小さい頃から積み重ねてきたからだと思います。**

中学までまったく勉強をせず、高校で急に猛勉強して東大に合格する子もいるかもしれません。しかし、私の息子二人がもしそのようなチャレンジをしたとしても、おそらくただの無謀《むぼう》な闘いに終わったと思います。

では、何が二人の東大合格の勝因だったのか？

この機会に本人たちにも確認してまとめたのが次の7つのポイントです。

①幼少期から小学校低学年まで、毎晩、絵本を読み聞かせて、そのあとに感想を言い

合ったり振り返りをしたこと

↓この習慣により想像力、思考力、表現力が高まった

②幼児期から「勉強するときは勉強」「遊ぶときは遊ぶ」のメリハリをつけながら育てたこと

↓短時間の濃い勉強習慣で「集中力」を身につけることができた

③幼児期から右脳と左脳を刺激して地頭を鍛えたこと

↓カードやパズルなどを活用した幼児教育による基礎概念の定着と、公文や学習塾の質の高い勉強法で学力を身につけることができた

④子どもを信じて、何があっても否定しなかったこと

↓「間違っても、失敗しても、学習して次に活かせば大丈夫だ」と、子どもに自信を持たせて自己肯定感を高めることができた

⑤質の高い教育を受けられる学校を選んだこと

↓優秀な先生や高い目標を目指す仲間と出会ったことで切磋琢磨《せっさたくま》できた

⑥勉強に集中できる環境づくりを心がけたこと

↓ファイル整理、広い机、孤独感のないリビング勉強など、いつでもすぐに勉強に集中できた

⑦家族で協力したこと

→成長過程で両親が離婚したが、母子3人で支え合い協力することで何があっても乗り越えることができた

こうしてまとめてみると、何も特別なことはしていないようにも思えます。教育熱心なお母さんであれば、すでにやっていることばかりかもしれません。

けれども私が、この7つをやり続けることは、普段からかなり意識して心がける必要がありました。

母親も人間ですから、子どものことより自分のことを優先したくなるときもあります。子育ては、365日休みなしなので、たまには何もしないでゆっくりできる休息日だってほしくなります。

実際、離婚協議でゴタゴタしたときは精神的なダメージが大きかったので、どうしても一人になりたくて、息子たちだけ実家に預けたことも何度もありました。

シングルマザーになって再就職してからは私もいそがしく、疲れているときに子どもに反抗されると腹が立って口ゲンカすることもありました。

でも、たとえ落ち込むようなことがあっても、新しい朝がやってくると、「よし、今日のスケジュールはなんだったかな？」と気持ちを切り替えて元気になれたのです。多少、気分の浮き沈みがあっても、いつもの生活リズムに戻ると平常心を取り戻すことができました。

そのように、私自身がブレない子育てを続けてきたことで、子ども自身もブレない軸を持って、自分で選んだ目標に向かって突き進んでいけたのだと思います。

POINT

〝当たり前〟を継続するのが東大合格への道

第8章

お金と働き方

シングルマザーとお金の問題

弁護士や医師、経営者など高い収入を得ている方は別ですが、私のように専業主婦で離婚したシングルマザーにとって最大の不安はお金の問題です。

子どものいる夫婦が離婚するときは、親権、慰謝料、財産分与、養育費などの問題をどうするか決めなければいけません。

中には、協議離婚というわけにはいかず、双方が弁護士を立てた離婚調停や裁判となる場合もあります。

私の場合は、離婚経験のある友人から、「親権がほしいなら、子どもを絶対に手放さずに別居すること」とアドバイスをもらったので、まず別居に踏み切りました。

自分が親権を得たら、子どもが成人するまで養育費を受けなければ生活できませんでした。そこで、「養育費算定表」を参考に養育費の一般的な相場の上限と言われている月額を調べ、大手企業勤務の夫に子ども二人分の金額を請求しました。また、財産分与の請求もしました。

その際、お世話になっていた弁護士さんが話していたのは、養育費の支払いの約束をしても、途中で支払わなくなるケースが多いということです。

そのリスクを避けるためにアドバイスいただいたのが、**養育費、財産分与などの支払い契約内容と、支払いがなかった場合に財産を差し押さえて強制執行できることを明記した「公正証書」を作成すること**でした。

友人のアドバイスからはじまり、弁護士さんに全面的にサポートしていただいたおかげで、私は親権を得ることができました。

夫にも夫の生活があります。お互いしっかり協議し納得したうえで養育費を決めなければなりません。結果的に夫からは、希望通りの金額の養育費と財産分与の金額を支払ってもらうことに応じてもらいました。

別居から離婚に至るまで話し合いに時間がかかり、約2年もかかってしまいましたが、まだ小学生だった子どもたちを育て上げるためにはお金がかかります。**先立つも**

のがなければ、いい教育を受けさせてあげることもできませんので、最後まであきらめるわけにはいきませんでした。

離婚成立後は、養育費が毎月決まった日に相手側から振り込まれるようになりますが、万一、入金されなかったときは、この公正証書が救いの手となります。非正規雇用のシングルマザーにとって、養育費を受け取れるかどうかはまさに死活問題です。

口約束や協議離婚で離婚して相手側が養育費の支払いに応じた場合でも、公正証書は自分たちで作成できます。

手続きには少し手間がかかるようですが、子どもを守るためにも、必ず作っておいたほうがいい公文書なのです。

POINT

お金については妥協しない

制度の利用

離婚後も私立学校に通わせた収支

夫と別居するために探した部屋は、築40年で家賃11万円の古いアパートでした。線路沿いだったので騒音が少し気になりましたが、2DKで押し入れも天袋《てんぶくろ》もたくさんあって、昔の大きなサイズの畳だったので広めに感じる部屋でした。

ただ、引っ越してしばらくは収入がありませんでした。ですから、もともと住んでいた家の住宅ローンや光熱費も二重払いしながら、別居生活費も含め、夫から毎月振り込まれる婚姻費用にすがる以外にありませんでした。

ところがしばらくして、私たち親子が出ていったマンションのローン代は夫が負担することを理由に、毎月の婚姻費用の振り込み額が減ってしまいました。そのため、私立小学校に通っていた子どもたちの学費は、離婚が成立するまで相手側に負担してもらえるよう請求しました。

別居から離婚成立までのおよそ2年間、その他の主な収入は、最初の1年間はパート勤務の手取り（月8万円）と実家からの援助でやり繰りし、2年目は区役所で非常勤職員として働いた手取り（月13万円）と実家からの援助でやり繰りしながら暮らしていました。

月々の出費の内訳は次の通りです。

●家賃約11万円、駐車場代1万6000円
●サッカー、公文、スイミングなどの習いごと代が二人で5万円ほど
●長男のシグマ進学教室代2万円（月謝制での支払い）
●食費5万円、光熱費1万5000円、生命保険代3万円、通信料1万5000円、交際費1万円、交通費1万円、その他（衣服費や雑費）1万円ほど

これ以外にも、長男の中学受験では参考書代や過去問題集代、模試代、入試費用など出費が増えるので毎月ヒヤヒヤでしたが、その月に入ってくるお金だけでなんとかおさめるようにしました。離婚が成立したのは長男6年生、次男4年生のときです。それからは家計の出入金の内訳は大きく変わりました。

養育費が婚姻費用よりも8万円減りましたが、神奈川県の児童扶養手当が1人3万3000円で計6万6000円が毎月入金されるようになりました。

長男の小学校の学費は婚姻中に相手側が払い済みだったので、離婚後は次男の学費や諸経費年間60万円は、こちらの負担となります。

そのため、**低所得者を対象とした神奈川県の私立学校学費支援制度を利用して、年間42万円を援助してもらったのは本当に助かりました。**

長男が中学にあがると、英語の塾代なども5万円ほどかかりましたので、赤字になりそうなときは、財産分与の貯金を切り崩していました。けれども、**なるべく財産分与は極力《きょくりょく》貯蓄に回し、手をつけないようにしました。**

なぜなら、この貯蓄を資産運用して、それを頭金にしてマンションを買おうと思ったからです。このことについては、のちほど詳しく述べます。

POINT

低所得者が対象の行政支援制度をすべて利用する

節約

口座残高100円でもなんとかする

離婚後は、月末になると銀行の口座残高が100円になっていることもありました。お財布の中に小銭しかないこともしょっちゅうです。

でも慣れとはすごいもので、そういう生活も、いつしか驚かなくなりました。

いざというときは、私の実家にお願いすれば追加で少し振り込んでもらえましたし、直接行けば何か食べさせてもらえたので、深刻な危機感がなかったのかもしれません。

それでもやはり、口座残高を見るたびにヒヤヒヤする毎日でした。

別居がはじまった頃から、**家計簿は「家計簿マム」というアプリを使って、1ヶ月で何にいくら使ったかがおおまかにわかる程度のお金の管理はしていました。**

やはり家計簿をつけると月々の支出に対する意識が高まります。支払日が決まっているものなど、**「これは絶対に触っちゃいけないお金」**と思ったら、**現金を封筒に入れて、使うべき日がくるまでしまっておきました。**

ポイントが貯まるのでクレジットカードも併用していましたが、光熱費や交通費など毎月の決まった固定費だけの使用に限定しました。

食費から何からすべてカード払いにすると、ついつい使いすぎてしまいます。後でまとめて請求がきたときにかなりの金額になっていて、引き落とされる時期には口座残高が足りない、ということにもなりかねません。

「家計簿マム」に入力するまでに期間が空くこともありましたので、支払い関係がわからなくならないように工夫をしました。天引きされるものは、どこから引かれたか明確ですが、それ以外は自己管理するしかありません。

具体的には、習いごとの月謝は指定された銀行へ、毎月それぞれの金額を振り込まないといけないので、メイン口座から支払い項目ごとに正確な端数まできっちり引き落として、別の口座に資金移動していました。例えば、メイン口座から複数の習いごとの月謝4万2千円をまとめて引き出すのではなく、「塾代2万円」「サッカー代1万円」「くもん代1万2千円」というように一項目ごとに引き出してから、指定の口座に振り込むのです。そのようにして、通帳の出入金内容を明確化し、家計簿代わりにしていました。

現在は、インターネットバンキングでの振込みシステムがあるので、時間短縮もできるので便利です。

別居する前までは、あまり細かくお金の管理をしたことがなかったので、「この前まであったお金がなんで0円になっちゃったんだろう？」ということがないように、出入金の内容はすべて把握することを心がけました。

それでも毎月、月末になると数千円、数百円と口座残高がどんどん減っていって、最後は一桁になることもよくあったので、家計的にはかなりシビアな状況だったと思います。

別居中の食費は月5万円ほどあてていましたが、それでも足りませんでした。ただ、冷蔵庫の中にあるものをかき集めれば、何かしら食べ物は作れます。インスタント食品など、安いときに買いだめして常備していました。

具が少ないシチューや、麺よりキャベツやもやしが多い焼きそば一品だけなど、メニューがどうしても寂しくなったときは、子どもたちに「ごめんね」と謝ったこともあります。

それでも、今日は何も食べるものがないという日は一日もなかったので、なんとか食べつなぐことができました。

POINT

カード払いは固定費だけ。まとまった出費は避ける

節約

激安店やクーポンを利用して、食べ盛りの子どもの胃袋を満たす

お金に余裕がなくてもなんとかやりくりできたのは、私たちが住んでいたアパートの近くに激安店があったおかげでもあります。

前にも書きましたが、家の隣には100円ローソンがありました。金銭感覚を身につけさせるために、子どもたちによく買い物にも行かせました。

100円で買える冷凍野菜なども少し売っていたので、月末になると100円ローソンで買う頻度が増えたものです。

最寄り駅近くにあったデパートの食品売り場も、まだまだ新鮮な食材の見切り品がたくさん売っていたのでよく利用していました。

月末近くなってくると、業務用のスーパーで、豚肉、鶏肉の安いお肉も買い求めました。また、**お米は絶対に切らさないようにしていたので、いつも業務用スーパーで**

10キロを2袋まとめ買いです。でも自分一人では運べないので、子どもたちも連れていって一人1袋ずつ運んでもらうのです。

納豆もまとめ買いして、いつでも納豆ご飯だけは食べられるようにしていたので、いざというときも困りませんでした。

たまに外で食べるときは、ファストフード店か、安いファミリーレストラン、「日高屋」などのチェーン店、それに食べ放題のお店です。

たとえば「マクドナルド」に行くと、息子たちはメニューを追加するときは単価の安い100円バーガーにしていました。回転寿司はもちろん、一番安い色のお皿のお寿司しか食べません。

親子とも、できるだけ安く食べることが当たり前になっていたので、マクドナルドなどでは「このクーポンを使うより単品を組み合わせたほうが安いよ」などと、より安上がりなメニューを子どもたちがパッと計算してくれたのも懐かしい思い出です。

高校生になると、子どもだけで外食させることもあったので、日高屋のライスや麺を大盛りにできる無料クーポンなどは、子どもの財布に常備させていました。

給料日のあとなど、少しお金に余裕があるときは、とんかつが大好きな息子たちを「とんかつ和幸」に連れていきました。でも、とんかつをおかわりしたいと言われたことは一度もありません。

その代わりに、ご飯とキャベツを満腹になるまでおかわりして、満足げな顔を見ると、ちょっと複雑な思いを味わったこともありました。

家計が苦しくなると、やはりどうしても食費にしわ寄せがきてしまいます。そのため、**自宅近くに安いスーパーや安く外食できるお店がないととても困ります。**

母子三人で暮らす家を探したときは、学校の近くというのが第一条件でしたので、そこまで周りのお店のことは詳しく調べませんでした。

でも結果的に、**駅に近い場所を選んだことで、周辺環境もコスパのよいお店が多く、住みやすい街だったことはとてもラッキーだった**と思っています。

POINT

食費をうまくやりくりすれば、
なんとか乗り切れる

制度の利用

学校や自治体の補助金はフル活用する

シングルマザーになって経済的に苦しくなったことは、子どもが通っていた学校の校長先生と塾の塾長には正直に話しました。

洗足《せんぞく》学園小学校（神奈川県川崎市）の校長先生には、別居していた離婚調停のときから状況を説明して、困ったときには「お金が入ったらすぐに払いますので、もう少しお待ちください」とお願いしました。

そのように親身に対応していただいたうえに、離婚成立後に申請できる神奈川県の私立学校学費支援制度の件も教えてくださったのは、本当にありがたいことでした。

次男が小4から小6まで、この制度を利用して年間42万円の補助金を支給していただきました。

栄光学園（**神奈川県鎌倉市**）**に入学するときも、自治体や学校の補助や支援制度をフル活用したことで、かなり助けられました。**

長男は、私が離婚した直後の中1のとき、神奈川県の離婚緊急支援として私立小中学校学費補助金30万円を、私立学校生徒学費軽減事業補助金として24万円を支給いただきました。

その他、兄弟それぞれが支給を受けた補助金、奨学金は次の通りです。

《神奈川県から》

・入学支度金を兄弟それぞれ**5万9400円**

・就学支援金を高1から高3まで兄弟それぞれ年**23万7600円**

・学費軽減補助金を、長男が高1で**15万2400円**、高2・高3は**15万8400円ずつ**。次男は、高1で**15万8400円**、高2は**13万5000円**、高3は**24万円**

・高校生等奨学金貸付（卒業後に分割返済が条件）を長男が高1時に**48万円**、次男が高1時で**24万円**

《文部科学省から》

・高校生等奨学金を長男が高3時に**13万8000円**

《栄光学園から》

・栄光イエズス会奨学金を兄弟それぞれ中1から高3まで**年24万円**

《川崎市から》

・川崎市奨学金を長男が高1時と高2時に**年7万円**。次男が高1時に**年6万円**、高2に**年8万5000円**、高3で**年7万円**

・母子福祉資金貸付（卒業後に分割返済が条件）を次男が高1時に**年27万円**。高校の入学金に充当。

このように、**自治体や学校には、よくよく調べてみるとさまざまな支援制度や補助金制度があります。**

小学校から高校まで二人の息子を私立に通わせ続けることができたのも、このような制度があったからできたことでした。

「本当は子どもを私立に入れたいけれど、経済的に余裕がないから公立じゃないと行かせられない」

もし、そう思っている方がいるとしたら、ぜひ、インターネットや自治体の窓口で、経済的援助の情報についていろいろ調べてみてください。

利用できる制度を最大限使えば、子どもを私立に通わせられる可能性が見えてくるかもしれません。

POINT

さまざまな支援制度が。
経済的理由であきらめないで

節約

忙しくしていればムダ遣いはしない

食費以外に節約していたのは、洋服や化粧品、交際費です。

自分の洋服は、独身時代に買ったものをずっと着回していました。子どもを産んでも体型が変わらなかったからできたことなので、太らないように気をつけるのが大変でしたが……。

ひと昔前に買ったとはいえ、自分好みで選んだ服はどれも色やデザインが流行に関係なく着られる服ばかりだったので、10年、20年と長く着られたのもラッキーでした。

子どもの服を買うのは、基本、リサイクルショップです。小学生から高校生にかけて体がどんどん大きくなる成長期は、洋服を買ってもすぐに小さくなってしまいます。だったら、古着を一年ぐらい着て、小さくなったらまたリサイクルするほうが断然安上がりです。服がちょっとくらい破けても、裏地に布を当てて修繕して着せていました。

下着や靴下、トレーナーなど、どうしても新しい服が必要なときは、「ファッションセンターしまむら」のような安価な量販店を利用していました。

運動靴もすぐボロボロになるので、リサイクルショップに同じサイズのきれいな靴がないかいつも探していました。それでもないときは、通販サイトで一番安い靴を探して、色だけ本人に選ばせていました。

サッカーのユニフォームは新しいものを買うしかありませんが、学生服は栄光学園（神奈川県鎌倉市）では保護者が定期的にリサイクルするPTAの活動がありました。サイズの合わなくなった学生服も、新調すると何万円もします。でもリサイクルのものであれば1000円で3着は譲っていただけたので、いつも争奪戦になってしまうのですが、早めに並んで適するサイズのものを選んでいました。

化粧品をデパートで買ったこともありません。美容のことを気にするような余裕もなかったので、コスメ関係はいつも決めているロングセラーの人気商品で充分でした。お酒を飲むなんていうことも、当時の私からするととんでもない贅沢《ぜいたく》です。

でも1ヶ月なんとか無事に過ごせて、後半ちょっと金銭的な余裕が見えてきたときは、ちょっと外に食べに行って一杯飲むのがとても嬉しかった覚えがあります。

友人とお茶したり、ランチする余裕もほとんどありませんでしたが、毎日やることがいっぱいだと、そんなことを考える暇もないので逆に良かったと思います。

時間があると余計なことを考えたり、ショッピングサイトを見てしまったり、ないものねだりをしたくなるので、忙しくしているほうがムダ遣いもなくなります。

それに何より子どもが一番なので、自分のことは最後の後回しでも、まったく気になりませんでした。

POINT

衣服代はいくらでもコストダウンできる

制度の利用

貯金は資産運用に。賃貸より資産価値の高い持ち家を選ぶ

毎月、家賃を支払い続けるより、資産になるマンションを購入したほうがメリットが大きいことは、別居したときから感じていました。

自分にもし万が一のことがあっても、マンション購入時に保険に入ればローン返済の必要もなくなり、住んでいる部屋はそのまま子どもたちのものになります。

そこで離婚後、預貯金を資産運用に回して不動産を購入するために、正社員の仕事を探すことにしました。不動産を購入する住宅ローンの審査を通るためには、3年以上、同じ会社で正社員として勤務することが条件になるからです。

資産運用したのは、離婚で相手側から支払ってもらった財産分与のうち1150万円分でした。その元金で何ができるか、信託銀行に相談して投資信託で運用してもらって、2011年から2014年まで利回り約4％弱で3年間預けたら1300万円ほ

どの利益が出たのです。

このようにサラッと書くと、「資産運用なんてそんなに簡単に得するの？　損することもあるんじゃないの？」と思われる方もいるかもしれません。

もちろん、私も大切な貯金をドブに捨てるようなことは絶対にしたくありませんでした。だからこそ、投資信託銀行の窓口に行って、説明を受けた方の話も信頼できるかどうかしっかり吟味したうえで、「これなら大丈夫だろう」と判断したのです。

お金を銀行口座にただ入れておいても何も増えません。でも利回り約４％弱で運用してもらった私の貯金は、３年間で１１５０万円が１２８０万円に増えました。

投資に関する知識がほぼゼロに近い私でも、リスクの少ない比較的安全な運用方法を選んでお金を預ければ、そのまま預けっぱなしで増やすことができるのです。

結果的に、正社員で3年間勤務したタイミングで、目標通り不動産を購入することができました。

買った物件は、駅近で約70平米の中古マンションです。運用資金の１２８０万円も含め、実家からも少し助けてもらって頭金を揃え、あとは住宅ローンで、どうにか買えた感じです。今振り返っても、あのときマンションを買ったのは大正解でした。

賃貸のまま住んでいたら、2年ごとに更新するたびに1ヶ月分の家賃を余計に払わなければいけません。マンション購入後は、住宅ローン、管理費、駐車場代、リフォームローンで毎月15万円ほどかかりましたが、正社員勤務の給与でカバーできました。そして昨年（2019年）、親の介護のため実家近くに引っ越す必要があり、買い替えしたところ、なんと販売価格が800万円も高く売れたのです。

もちろん、購入と販売のタイミングや、資産価値が高い物件を選んだのがよかったわけですが、賃貸のアパートに住んでいたらこのようなメリットは1銭もなかったので、**資産運用はやらないよりやったほうがいいですし、賃貸よりは持ち家がいいというのが、今も変わらない私の結論です。**

POINT

お金はそのままだと増えない。運用すれば増える

制度の利用

「子どもファースト」でいるために、正社員職を選ぶ必要もある

私が新卒で入社したのは、上場している大手企業でした。そして入社7年目に、会社で知り合った男性と29歳で結婚して退職し、翌年長男を授かりました。

結婚してからの10年間はほとんど専業主婦でしたが、一度だけパートで電話オペレーターの仕事をしたことがあります。次男が幼稚園に入ってから2年間ほど、昼間の空いた時間だけでしたが、いい気分転換になりました。でも、土日どちらかが勤務必須だったため、2年ほど続け、夫に反対されて辞めました。

それから再就職を考えたことはありませんでしたが、39歳で別居に踏み切ったとき、自分が働いて生活を支えなければいけないと覚悟を決めたのです。

ただ、子どもファーストであることに変わりはなかったので、特に子どもが中学受験の頃は勤務先の場所や勤務時間など、自分の希望に合う仕事を探す必要がありまし

た。そうなるとやはりフルタイムでは働けません。

そこでまずは、区役所の非常勤として働いてみたところ、自分の事務スキルの低さに愕然《がくぜん》としてしまいました。

独身時代に勤めていた会社では、社会人としての基本、上下関係、接客の仕方などを徹底して鍛えられたので、精神的にかなり強くなりました。これだけ鍛えられたらどこでもやっていけるだろう、という思いもありました。

ところが区役所の仕事をしてみると、エクセルやワードの操作もおぼつかないようなレベルだったのです。これでは正社員として転職するなんて無理だ……と危機感を覚えました。


でも、住宅ローンを組むために、いずれはなんとしても正社員として働く必要がありました。そこで**正社員として転職するために、まずハローワークの職業訓練校に通って、パソコン操作だけでなく社会保険事務や簿記《ぼき》の知識を学びました。**

事務仕事をしているときは一人一台パソコンを使用していたので、時間があるときは操作に詳しい人にわからないことを聞きながら、少しでも事務スキルを高める努力をしました。当時は恥ずかしいことに、社会人の基本のメールの送り方も知らず、「cc」に入れるメールアドレスのこともわからないほどでした。

なんでもかんでも質問していたら、相手の人に呆《あき》れられて、「自分で検索して調べないの?」と言われたこともあります。わからないことは、インターネットで調べれば大抵のことは載っているからです。

でもその検索の仕方でさえ、最初は長い文章を打ち込んでしまい、検索して何も出てこないようなお粗末な状態でした。キーワード検索のやり方まで教えてもらったなんて今では笑い話ですが、当時は焦りしかありませんでした。

そんな状態から早く抜け出すために、**無料で社会人として必要なスキルを学べるサイトもよく活用していました。** その努力の甲斐《かい》あって、区役所で2年間勤めたあと、住宅メーカーに正社員として転職できたのです。

POINT

正社員になるためには事務スキルを磨くのも一手

転職はためらわない

正社員として転職した会社の仕事内容は、営業事務と役員の秘書的業務でした。そこで事務能力が鍛えられ、エクセルやワードのパソコンのスキルもさらに高まりました。同時並行的に複数の仕事を進めるコツも覚えて、仕事はかなり上達したと思います。

一方で、その会社は電話対応も多く、月に何日かは夜9時、10時まで集計作業をするために残業もしなければなりませんでした。働きはじめたとき、次男はまだ小学生でいろいろ手がかかります。ですから、住宅ローンも組めましたので、退職し、正社員勤務にふんぎりをつけました。

私にとって仕事は、家族を犠牲にしてまでやるものではありません。

仕事のストレスが重なり、子どもたちを心配させるぐらいなら、早めに転職したほうがいいというのが私の考え方です。
そのため、コンピューター会社、大学事務、そして派遣スタッフとして中小企業の総務・人事や事務の仕事などを転々としました。

仕事はいくら変わっても気になりませんでしたが、自分の成長は常に意識してきました。どんな仕事にも学びはあります。仕事はある意味、自分の成長のためにずっと続けてきたと言ってもいいほどです。

やったことがない仕事でも、新しく覚えればそのぶん成長できるので、何でも積極的に取り組むように心がけてきました。
在宅秘書のスキルも身につけて、自宅やカフェでも仕事ができるようになったことも大きな自信につながりました。

今でこそ「テレワーク」という働き方が浸透してきましたが、この在宅秘書の仕事は、クラウドソーシングを使って在宅ワークができます。出勤しなくても、自宅で仕事をしながら子育てもできて、子どもと一緒に自分も成長できる画期的なシステムだと思います。

子育てがはじまったばかりのお母さんは、子育てメインの生活の中に少し在宅ワークの時間を取り入れて、子どもが幼稚園や学校に通いはじめたら、在宅ワークの時間をもう少し増やしていく。

そのように在宅で社会との接点を持ち続けて、事務仕事のスキルを維持・成長させることができると、転職活動するときのメリットにもなります。


何よりも、「子どものために1円でもお金になることがあればなんでもする」という気持ちが大事です。その気持ちがあったからどんな仕事にもチャレンジして成長できたのだと思います。

非常勤で大学事務をしていたときは、学生の就職支援で模擬面接を担当したり、エントリーシートの書き方指導もしたので、自分の子どもたちが就職するときにはいくらかアドバイスもできると思います。


総務や人事の仕事をしたときは、給与計算について学び、社会保険事務やマイナンバーの対応方法も覚えたので、これからの仕事にもきっと役立つでしょう。

不動産会社の事務仕事では、契約書の作成や確認についても学んだので、自分の人生でもその知識が活きることがきっとあると思います。
そのように考えると、**人生にムダなことなど何ひとつないのです。**

POINT

どんな仕事にも学びはある。
その経験は子育てにもいきる

子育ても仕事も、健康がすべて

今まで、これといった大きなケガや病気もなく元気に過ごしてきた私ですが、25歳からずっと薬を飲み続けている持病があります。

「甲状腺《こうじょうせん》機能亢進症《きのうこうしんしょう》」という、甲状腺ホルモンが過剰に分泌されることによって起きる病気です。

症状としては、心拍数や血圧の上昇、不整脈、過剰な発汗、神経質、不安、睡眠障害、息切れ、めまいなどがあります。

重症化して眼球が飛び出したりするとバセドゥ病になるのですが、薬を飲めばそういった症状は軽減するので、普通に生活するぶんには支障はありません。

ただ、一日でも薬を飲み忘れるとすぐに心臓がバクバクしたり、汗をかいたりして自分ではコントロールできなくなるような症状に悪化してしまう恐れがあるので、絶対に飲み忘れないようにしようと決めていました。採血して薬をもらうために、定期的に病院にも通い続けてきたので、今では症状がとても安定しています。

この持病と付き合い続けていることもあって、自分の健康管理には人一倍気をつけるようになりました。

体力維持のために、筋トレでジムをするのもおすすめです。私は仕事に復帰した頃、1回30分だけ筋トレができるジムに通っていました。

洋服が買えなかったので、太らないためのダイエット目的もありましたが、シングルマザーになったら私が健康でいることが何よりも大事だと思ったからです。

また、福利厚生で健康診断を受けられる仕事に就いたときは、そういったメリットを活かして健康管理をしてきました。

もちろん、国民健康保険加入者でも健康診断があるので、必ず受けて健康チェックしたほうが安心です。

私は低血圧なので朝起きるのは大変なのですが、短眠タイプなので夜は5時間も寝れば充分です。**その代わりに細切れでも睡眠をとって、暇さえあれば体を休める癖が**

ついたのも、自分に無理をさせないためでした。

仕事が終わって帰ってくると、足がパンパンにむくんでいるので、足を高くしてソファに座るなど、ちょっとした工夫も日常的に心がけていました。

逆に精神的には、次から次にやることをやって暇な時間がないほうが、余計なことを考えずにすみます。

夜も疲れてぐっすり眠れるので、家の中でも外でも、常にタスクをこなし、動き回っているほうが気持ち的には楽でした。

心も体も健康でいるためには、やはりどうするのが自分にとって一番いいコンディションでいられるか、自分なりによく分析して対策を考えることも必要です。

一生、薬を飲み続けなければいけない持病も、「なんで自分だけこんな目に遭《あ》わないといけないのか」とマイナスに考えると、気持ちも落ち込みます。

けれども、考え方を変えると、持病があるおかげで生活習慣に気をつけるようになったとも言えるのです。

シングルに限らず親であれば誰でも、体も心も健康でなければ笑顔で子育てはできません。元気に働くこともできないでしょう。

けれども、体と心が健康でさえあれば、子育てにも余裕を持てます。仕事で何があっても乗り越えて、また次の一歩を踏み出せるのです。

POINT

持病があるおかげで健康管理ができた

おわりに

最後まで読んでくださった読者の皆さま、誠にありがとうございます。

39歳で夫と別居し、41歳で離婚してからの約10年間。こうして振り返ってみると、あっという間だったように感じます。

二人の子どもを抱えて、定職も持たないままシングルマザーになるのは相当な勇気と覚悟が必要でした。広くてきれいなマンション暮らしから一変、古いアパートで親子三人の生活がはじまったときは、不安でいっぱいでした。

それでも、子どもたちに悲しい顔を見せてはいけないと思い、最初は意識的に笑うように心がけていました。すると笑顔の私が自分を励ますようになり、少しずつ心が強くなっていきました。

子どもたちが一生懸命、目の前のことに取り組んでいる姿も、多くの楽しみを与えてくれました。そのような日常が当たり前になるにつれて、少しずつ悲しみが減っていき、ゆっくりと喜びが増えていったように思います。

子どもは宝物です。大切な宝物だからこそ、どう育てればいいのか、どのような教育をすればいいのか、悩みは尽きません。

親も人間ですから、完璧ではありません。時間に追われたり、忙しくて疲れているときは、うまくいかないこともあります。そのせいでイライラして気持ちが落ち着かなくなると、ますます思い通りにいかなくなるものです。

そういうとき私は、悪循環を断ち切るために、昔の写真やアルバムを見返しながら、息子たちの幼い頃の様子を思い浮かべました。ダイニングテーブルでその日のミッションに取り組んでいる姿や、小さな可愛らしい手で絵本を広げて興味深そうに読んでいる様子を思い出しました。

自分がどんなに弱っているときでも、子どもたちの姿に勇気をもらって気持ちをリセットすることで、一歩一歩前に進むことができたのです。

ここまで何とかやってこられたのは、そんな息子たちのたゆまぬ努力があったおかげです。また、息子たちを信じて「周りに流されない、ぶれない、迷わない」と決め、信念を持って子育てしてきたことが、結果的に良かったのだと思います。

その信念のひとつが、シングルマザーになっても、息子たちの中学受験と大学受験をあきらめないことでした。なぜなら、心身共に発達する大事な成長期に、「全身全霊を傾けて目標に立ち向かう経験」をさせておく必要があると思っていたからです。

中学受験では東京都内の希望の中学校合格に手が届かず、二人とも悔し涙を飲みました。大学受験はさらに、本人たちにとって壮絶な闘いでした。しかし、いつの間にか息子たちには強い意思と高い志が芽生えていました。その成長を目の当たりにする感動を、私は2回も味わわせてもらいました。息子たちが社会に出たとき、全身全霊でやりきったその経験が自分の未来を切り拓くうえで、きっと役立つと信じています。

現在、東大3年生と1年生の息子たちは、かけがえのない友人に恵まれ、体育会系の部活に励み、青春時代を謳歌《おうか》しています。今は勉強よりもスポーツ中心の生活にシフトしていますが、自分の将来をしっかりと見つめる時期がもう間もなくやってきます。二人がこれからどのような道を歩んでいくのか、私も今から楽しみです。

今回の執筆にあたり、息子たちも学習経験や参考書の特徴などたくさんの情報提供に協力してくれました。シングルマザーのひとり親家庭であることを、今も友人たちには伝えていない中で、この本の出版に賛成してくれたことに心から感謝しています。また、中学生の頃から大学生になった今でも、兄弟で当番を決めて、洗濯物をたたむお手伝いをし続けてくれているのも、本当に助かっています。この場を借りて、「ありがとう」を伝えたいです。

シングルマザーとして子育てする間、両親と兄弟が見守り続けてきてくれたことが、私の心の拠り所でした。特に、娘と孫のことを心配して励まし続けながら、昨年、他界してしまった父には特別な思いがあるので、天国で本書を読んでくれることを願っています。

そして、今まで息子たちの成長を陰ながら支えてくれた元夫にも感謝しています。息子たちが大学生になった今、おかげさまで父子は時々会って楽しい時間を過ごし、良好な関係を築いています。これからもその関係は変わらず続いてほしいですし、息子たちの成長を共に喜んでいきたいと思っています。

最後になりましたが、本書の出版にあたりまして、私のことを紹介いただいた作家の本城雅人様のご厚意に深く感謝いたします。そして、徳間書店の崔鎬吉様、ブックライターの樺山美夏様をはじめ、多大なるご尽力をいただいたスタッフの皆様方、この本に関わってくださったすべての方々に、心から御礼申し上げます。

2020年2月

たかせみほ

ブックデザイン　小口翔平＋喜來詩織＋千葉優花子（tobufune）
写真　松山勇樹
組版　キャップス
校正　鷗来堂
構成　樺山美夏
編集　崔鎬吉

たかせ・みほ

1968年、カナダケベック州生まれ。2歳半のとき帰国。

共立女子大学文芸学部卒業。91年、航空会社に入社し、羽田空港でグランドスタッフ業務に従事。97年、結婚。専業主婦となり、翌98年に長男を出産。同年、夫が関西に転勤となったため、東京から大阪府和泉市に移り住む。2000年、次男出産。03年、夫が東京に転勤となったため、神奈川県川崎市に移り住む。04年に長男が、06年に次男が私立洗足学園小学校（川崎市）を受験し、ともに合格。順風満帆の未来を描いていたが、08年に離婚調停となり、母子3人で別居を始める。10年、離婚が成立。シングルマザーとして働きながら、子育てに奮闘する。翌11年、長男が中学受験し、神奈川県御三家のひとつ、栄光学園中学校（鎌倉市）に合格。13年、次男も同校に合格。17年、長男が東京大学理科I類に現役合格。19年、次男も東京大学理科I類に現役合格を果たす。

シングルマザーで息子《むすこ》2人を東大理《とうだいり》Iに頭《あたま》がよくなる「ルーティン」子育《こそだ》て

2020年3月31日　初刷

著者　たかせみほ
発行者　平野健一
発行所　株式会社徳間書店
〒141-8202
東京都品川区上大崎3-1-1
目黒セントラルスクエア
電話　編集／03-5403-4344　販売／049-293-5521
振替　00140-0-44392
印刷・製本　大日本印刷株式会社

ISBN978-4-19-865059-9